Dreaming Data

Populäre Literaturen und Medien 15
Herausgegeben von Ingrid Tomkowiak

Manuel Kaufmann

Dreaming Data

Aspekte der Ästhetik, Originalität und
Autorschaft in der künstlichen Kreativität

Informationen zum Verlagsprogramm:
www.chronos-verlag.ch

Umschlagbild: https://pixy.org/5759863/ (CC0 Public Domain)

© 2022 Chronos Verlag, Zürich
Print: ISBN 978-3-0340-1646-9

Inhalt

Vorwort und Dank — 7

Einleitung — 9

«I don't know what you're talking about»:
  ***Sunspring* zwischen menschlicher und maschineller Kreativität** — 19
The Curious Code of *Benjamin* — 20
Auf Huizingas Spuren: Homo ludens, machina ludens — 24
  Exkurs: «My name is Benjamin» — 28
Die Sache mit der Autorschaft — 30
Eine andalusische Maschine. Vom Surrealismus zu *Sunspring* — 33
Zusammenfassung oder die Frage nach der Kreativität:
  Was ist *Benjamin*? — 41

Die Neuerfindung des Textadventures in *AI Dungeon* — 47
Über die allmähliche Verfertigung der Gedanken beim Schreiben — 49
Von Zwergen, Höhlen und Computern.
  Eine kurze Geschichte des Textadventures — 56
Oralität und Literarizität — 61
Kreativität ohne Autorschaft? — 65
Eine interpassive Textmaschine.
  Überlegungen zu Ästhetik und Partizipation — 68
Die Schattenseite der Big Data — 74

***The Next Rembrandt*: Der Künstler im Zeitalter**
  seiner digitalen Reproduzierbarkeit — 77
Die digitale Nekromantie des alten Meisters — 78
Der nächste versus der originale Rembrandt:
  Eine Bild- und Diskursanalyse — 79
  Exkurs: Warum Rembrandt? — 83
  Ein Blick auf die Medienreaktionen auf The Next Rembrandt — 85

Der Künstler im Zeitalter seiner digitalen Reproduzierbarkeit	89
Von Pinselstrichen, Instagramfiltern und dem Wandern der Aura	93
Die Psychologie des Pinselstrichs	94
Das Wandern der Aura	97
Versuch einer Urteilsbildung: Medienwirksamer Werbestunt, Showcase technischer Möglichkeiten, wissenschaftliche Repräsentation oder eigenständiges Kunstwerk?	102

Duett mit einem Schleimpilz:
Über Eduardo Mirandas Biocomputermusik — 107

Ein Dreiklang aus Mensch, Maschine und Schleim	109
Die Geburt der Musik aus dem Geiste des Einzellers	110
Der Biocomputer als natürliche künstliche Intelligenz	114
Kreativität als Emergenzphänomen	119
Biocomputing als «emergent computing» und dessen Folgen für die Musik	123
Musizieren mit Deleuze und Guattari: Tierwerden, Schleimpilzwerden	128
Einige Einschränkungen zum Schluss	131

Schlussbetrachtungen — 133

Rückblick: Zentrale Aussagen und Erkenntnisse	133
Der Mensch verschwindet nicht	133
Mediale Selbstreflexion und Produktionsästhetik	137
Kreative Kollaboration und Interdisziplinarität	140
Ausblick	141

Quellen und Literatur — 145
Abbildungsverzeichnis — 156

Vorwort und Dank

Manchmal beneide ich den unendlichen Fleiss unserer Technologien. Während diese in der Lage sind, unermüdlich Texte, Bilder oder Musik zu generieren, ohne dabei von kreativen Blockaden, Selbstzweifeln oder Erschöpfungserscheinungen geplagt zu werden, fühlte sich die Arbeit an diesem Buch für mich manchmal so an, als würde ein Kolibri ein Straussenei ausbrüten.
Mit dieser Veröffentlichung findet nicht nur ein Projekt seinen – hoffentlich würdigen – Abschluss, sondern auch eine Lebensphase, da es sich bei der vorliegenden Abhandlung um eine überarbeitete und erweiterte Fassung meiner Abschlussarbeit handelt, mit der ich meinen Mastertitel an der Universität Zürich erlangte. Neu ist insbesondere das Kapitel zu *AI Dungeon*, das in der ursprünglichen Fassung des Textes nicht enthalten war und meine Diskussion der künstlichen Kreativität um einige interessante Aspekte bereichern dürfte.
Die künstliche Kreativität ist auf menschliche Kollaborateure angewiesen, um ihre Schaffenskraft in geordnete Bahnen zu lenken; das Gleiche gilt auch für mich. Ich möchte deshalb die Gelegenheit nutzen, einigen Personen zu danken, ohne die die hier verschriftlichten Gedanken wohl nach irgendeiner durchzechten Nacht dem Vergessen zum Opfer gefallen wären, oder mehr noch, niemals das Licht des Tages erblickt hätten.
Meine erste Danksagung gilt Prof. Dr. Ingrid Tomkowiak, die nicht nur meine Masterarbeit mit grosser fachlicher und menschlicher Kompetenz betreut hat, sondern mir auch ermöglichte, sie einem grösseren Publikum zugänglich zu machen – und die meine bisweilen etwas sprunghafte und chaotische Art einst sehr gutmütig als Begeisterungsfähigkeit auslegte.
Ebenfalls danken möchte ich Mirko Basciani für zahlreiche anregende Gespräche, die mühelos den Spagat zwischen intellektuell hochstehenden Kulturkritiken und niedrig fliegenden Witzen meistern, und dafür, dass er mir in Peking eine seiner Hosen ausgeliehen hat, als ich mir selbst Hausarrest verpasst hatte.
Weiter danke ich Marco Paul Ernst Bürge, der darauf bestand, mit allen drei Vornamen genannt zu werden, obwohl ich ihn mit keinem davon anspreche. Egal ob mit Gummiboot, Lonkero oder einer Partie Mario Golf auf seiner alten Nintendo 64, erinnerte er mich daran, auch in arbeitsintensiven Zeiten einen gesunden (und manchmal weniger gesunden) Hedonismus zu pflegen.
Meine Eltern, Herbert und Marianne Kaufmann, haben mich stets unterstützt, obwohl ich den Verdacht habe, dass sie bis heute nicht genau wissen, was ich eigentlich an der Uni gemacht habe. Auch ihnen gilt mein Dank.

Zu guter Letzt danke ich Delia Perini, deren Kreativität auf keinerlei technische Hilfsmittel angewiesen ist (ausser vielleicht Papier und Stift), einfach dafür, dass sie da ist.

Selbstverständlich könnte ich diese Liste endlos weiterführen, aber da sowohl Papier wie auch Ihre Zeit, liebe Leser:innen, wertvoll ist, soll dieser Abschnitt nun beendet werden, damit ein neuer beginnen kann.

Einleitung

> *Meine persönliche Theorie ist: Der Mensch macht Kunst, weil er träumt. Und weil er diesen Zustand einer anderen, möglichen Welt, die er im Traum als real empfindet, in dieser Welt nachbauen will, gibt es Kunst.*
>
> *Christof Wackernagel, Stuttgarter Zeitung, Nr. 134, 11. Juni 2008, 35.*

Künstliche Intelligenz bleibt das Schlagwort der Stunde. Was einst als Science-Fiction-Traum galt, durchdringt heute längst unseren Alltag: Egal, ob im Smartphone als Sprachassistent, als Hilfsmittel bei der statistischen Analyse grosser Datenmengen zu Wissenschafts- oder Marketingzwecken, in maschinellen Übersetzungsdiensten wie Google Translate oder DeepL, als unsichtbarer Pilot von selbstfahrenden Autos oder in Form von Schachcomputern, die selbst die stärksten menschlichen Spieler:innen mühelos schlagen – wenn es darum geht, dass etwas berechnet oder Daten ausgewertet werden sollen, scheint kaum mehr ein Zweifel an der Überlegenheit des Computers gegenüber seinen menschlichen Schöpfer:innen zu bestehen. Die damit einhergehenden Transformationen der Gesellschaft sind weitreichend und können durchaus als fundamental bezeichnet werden: Die Digitalisierung beziehungsweise Automatisierung (die Begriffe sind laut WEF-Gründer Klaus Schwab weitgehend synonym)[1] lässt nicht nur ganze Berufszweige verschwinden, sondern führt auch dazu, dass heute weit weniger Menschen benötigt werden als noch vor wenigen Jahren, um die gleiche wirtschaftliche Wertschöpfung zu erzielen.[2]

Verständlich, dass dadurch gewisse Ängste geweckt werden. In den USA etwa nahm im Jahr 2019 der demokratische Präsidentschaftskandidat Andrew Yang die Sorgen (und Chancen) um die vierte industrielle Revolution als zentrales Thema in seinen Wahlkampf auf, um für ein bedingungsloses Grundeinkommen zu werben, das er in bester amerikanischer Manier als «freedom dividend» bezeichnet.[3] Yang ist selbstverständlich weder der Erste noch der Einzige, der ein solches Grundeinkommen fordert – im deutschen Sprachraum etwa hat sich unter ande-

---

1 Schwab 2016, 14.
2 Ebd.
3 Vgl. Yang 2020.

ren der Fernsehphilosoph Richard David Precht mit der wiederholten Aussage hervorgetan, dass ein bedingungsloses Grundeinkommen unabdingbar sei angesichts der drohenden Arbeitslosigkeit und der tief greifenden, strukturellen Veränderungen des Wirtschaftssystems im Zuge des zweiten Maschinenzeitalters.[4] Egal, ob man der Automatisierung gegenüber eher pessimistisch, eher optimistisch oder gleichgültig eingestellt ist, scheint ein weitgehender Konsens darüber zu existieren, dass die Entwicklungen in der digitalen Technik den «Menschen […] innerlich wie äusserlich [wandeln]» und ihn «grundlegend von Menschen der vorangegangenen Zeitalter» unterscheiden.[5]

Was in dem obigen Zitat bereits anklingt, ist, dass in der öffentlichen Debatte um die Digitalisierung neben den bereits genannten sehr konkreten und existenziellen Ängsten auch immer wieder eine eher abstrakte Angst zitiert wird, die weniger den einzelnen Menschen als die Menschheit in ihrer Gesamtheit betrifft. Dabei geht es um die angebliche Ersetzbarkeit des Menschen, weshalb Autor:innen populärer Sachbücher wie Matthias Zehnder oder Christoph Kucklick auch von der «digitalen Kränkung»[6] beziehungsweise einem «Zeitalter der Kränkung»[7] sprechen. Dabei stehen weniger die realpolitischen, wirtschaftlichen und sozialen Folgen im Fokus, die dadurch entstehen, dass gewisse Arbeiten heute von Computern beziehungsweise künstlichen Intelligenzen übernommen werden, die bis anhin von Menschen verrichtet wurden, als die damit einhergehende Maschinisierung von Fähigkeiten, die zuvor als genuin menschlich galten. Der Kern des Übels wird dabei im bis heute wirkmächtigen Menschenbild der Aufklärung verortet, das den Menschen zwar nicht nur, aber in herausragender Weise über seine kognitiv-rationalen Fähigkeiten zu essenzialisieren und von anderen Wesen abzuheben versucht. Gerade was das logische Denken anbelangt, sind Computer jedoch schon längst in der Lage nicht nur dem Menschen ebenbürtige Leistungen zu erzielen, sondern diese um ein Vielfaches zu übertreffen. Gerade die in den letzten zehn bis fünfzehn Jahren explosionsartig voranschreitende Ausbreitung von künstlichen neuronalen Netzen, für die das menschliche Gehirn Modell steht und die über quasi- oder scheinautonome Lernfähigkeiten verfügen (Stichwort Machine-Learning), zeigt, dass Computer in der Lage sind, mit einer Geschwindigkeit und einer Präzision zu arbeiten, die ihr biologisches Vorbild komplett in den Schatten stellen – auch wenn dazu anzumerken ist, dass es sich dabei noch immer um inselbegabte Systeme handelt, in dem Sinne, dass sie nur für sehr eng definierte Aufgabenbereiche anwendbar sind und über keine

4 Vgl. Jungkunz 2018.
5 Stengel, van Looy, Wallaschkowski 2017, 14.
6 Zehnder 2019.
7 Kucklick 2017, 189–196.

generelle Intelligenz verfügen, wie es beim Menschen und anderen Tieren der Fall ist.[8]

In diesem Kontext betrachtet, kann die Kränkung, die der Mensch laut Zehnder und Kucklick durch die Digitalisierung erfährt, auch mit Stuart Halls Begriff der Dezentrierung gedacht werden. Folgt man Halls These, kann das postmoderne Subjekt so beschrieben werden, dass es «ohne eine gesicherte, wesentliche oder anhaltende Identität konzipiert ist».[9] Verantwortlich dafür seien fünf grosse Dezentrierungen, die einige oder alle zentralen Punkte des Menschenbilds beziehungsweise Subjekts der Aufklärung, das «auf einer Auffassung der menschlichen Person als vollkommen zentriertem und vereinheitlichtem Individuum» basiere, das «mit den Vermögen der Vernunft, des Bewusstseins und der Handlungsfähigkeit» ausgestattet sei,[10] relativierten. Zu diesen fünf grossen Dezentrierungen zählt Hall das marxistische Denken, das richtig verstanden «alle Vorstellungen von individuellem Handeln» verdränge;[11] Freuds «‹Entdeckung› des Unbewussten», das «nach einer anderen ‹Logik› als der der Vernunft» funktioniere;[12] der de-saussuresche Strukturalismus, der aufzeigte, dass Wortbedeutungen «nicht in einem ein-eindeutigen Verhältnis zu Objekten und Ereignissen in der Welt ausserhalb der Sprache festgelegt» seien;[13] das Werk Foucaults, der mit der Disziplinarmacht «einen neuen Typ der Macht» isolierte,[14] sowie der Feminismus, «sowohl als theoretische Kritik als auch als soziale Bewegung»,[15] der Fragen des Geschlechts beziehungsweise der Geschlechteridentität, aber auch anderer Identitäten in die Subjektdebatte einbrachte. Analog zu diesen fünf grossen Dezentrierungen kann auch die durch die Automatisierung erlebte Kränkung zumindest als eine kleine Dezentrierung des cartesianischen Subjekts angesehen werden, da moderne Computersysteme beziehungsweise lernfähige künstliche Intelligenzen mit ihrer geballten Logikleistung infrage stellen, inwiefern es sich bei der Vernunft oder Rationalität überhaupt um ein spezifisches beziehungsweise nennenswertes Charakteristikum des menschlichen Subjekts handelt.

---

8 In der KI-Forschung spricht man auch von «weak AI» und «strong AI» beziehungsweise von «narrow AI» und AGI (Artificial General Intelligence). Alle gegenwärtigen künstlichen Intelligenzen sind «weak AIs». Vgl. Goertzel 2015.
9 Hall 2000, 182.
10 Hall 2000, 181.
11 Ebd., 193.
12 Ebd., 194.
13 Ebd., 196.
14 Ebd., 197.
15 Ebd., 198.

Statt jedoch wie Hall daraus den Schluss zu ziehen, «dass jede gesicherte oder essentialistische Konzeption der Identität, die seit der Aufklärung den Kern oder das Wesen unseres Seins zu definieren und unsere Existenz als menschliche Subjekte zu begründen hatte, der Vergangenheit angehört»,[16] zeigt sich in gewissen Teilen des öffentlichen Diskurses ein beharrliches Festhalten an dem Versuch einer Konstruktion genuin menschlicher Eigenschaften, indem sich der Mensch durch immer neue Grenzziehungen in eindeutiger Weise von der Maschine abzugrenzen versucht.

Eine dieser Grenzziehungen betrifft das Feld der Kreativität: Immer wieder ist zu lesen, dass – bei aller Kompetenz im Bereich der logischen Operationen – ein Computer niemals wirklich kreativ sein könne oder zumindest niemals so kreativ wie ein Mensch.[17] Nur der Mensch sei dazu imstande, Dinge zu erschaffen, die durch ihre formale oder inhaltliche Schönheit eine tiefe emotionale Reaktion erzeugten, innovativ und revolutionär seien, durch ihre blosse Präsenz einen Diskurs anzuregen vermochten oder auch alte Probleme des Alltags auf ganz neuartige Art und Weise lösten. In diesem Sinne war auch die Erfindung des Computers ein Produkt menschlicher Kreativität. Jedoch, und hier möchte ich ansetzen: Die Maschinen, die sich der Mensch einst erträumte, scheinen heute selbst zu träumen. Wie jeder Satz, der mit «Nur der Mensch ist/kann» beginnt,[18] ist auch die Essenzialisierung des menschlichen Subjekts als kreatives Wesen mehr als problematisch. Dank immer ausgefeilterer Algorithmen rechnen Rechner heute nicht mehr bloss, sondern schreiben Drehbücher, Lyrik und selbst Fanfiction, komponieren Musik, produzieren Videokunst und malen Bilder, die – je nach Beispiel – von menschlicher Kunst kaum mehr zu unterscheiden sind oder sogar neuartige ästhetische Wege zu betreten scheinen, die nicht jene des Menschen imitieren, sondern mittlerweile selbst vom Menschen imitiert werden.[19]

Kunst und Kreativität sind selbstverständlich nicht ein und dasselbe, aber die Begriffe überschneiden sich. Nicht jede Form von Kreativität ist künstlerisch, aber über die Kunst wird im Allgemeinen doch gesagt, dass Kreativität ein notwendiger Bestandteil von ihr beziehungsweise Voraussetzung für sie ist. Die Frage, die ich in dieser Arbeit verfolgen möchte, handelt deshalb weniger davon, ob Computer kreativ sind, als wie sie kreativ sind: Was geschieht, wenn ein Computer Kunst erzeugt? Über welche ästhetischen Eigenschaften verfü-

---

16 Ebd., 181.
17 Vgl. zum Beispiel Kassel 2015 oder Franck 2018.
18 Vgl. Kucklick 2017, 191–193.
19 Ein Beispiel hierfür ist die Glitch-Art, die aus unbeabsichtigten Darstellungsfehlern bei Computern entstand, deren ästhetische Effekte heute aber beispielsweise auch durch Apps simuliert werden.

gen Produkte künstlicher Kreativität? Wie originell ist Computerkunst, oder wichtiger: Auf welche Art und Weise ist sie originell? Wie verhält es sich mit der Autorschaft, beziehungsweise wie wird diese diskutiert? Welche weiteren Diskurse und Denkbilder werden in der Rezeption künstlicher Kunst aufgegriffen? Wie verändert sich dabei unser Begriff von Kreativität? Oder, in poetischer Kurzform formuliert: Wovon träumen unsere Daten?

Diese Fragen zu stellen, bedeutet nicht bloss, den Einfluss neuer Medien auf das künstlerische Schaffen zu untersuchen, sondern die Debatte um die Kreativität, von der es bisher keine einheitliche Definition gibt, überhaupt voranzutreiben. Wenn Schaltkreise an die Stelle von Synapsen und Codes an die Stelle von Emotionen treten, ist das nicht nur ein Übersetzungsprozess, sondern eine Erweiterung des Konzepts der Kreativität. Was mein eigenes Verständnis von Kreativität angeht, möchte ich mich deshalb aus praktischen Gründen an dem eher weit gefassten Kreativitätsbegriff von Margaret Boden orientieren. Diese versteht Kreativität als «the ability to generate creative ideas (a shorthand term that includes artefacts) – where a creative idea is *novel, surprising*, and *valuable*»,[20] wobei sie an anderer Stelle anfügt: «[...] but each of these terms is problematic.»[21]

Problematisch sind die Begriffe vor allem aufgrund ihrer Mehrdeutigkeit: Für wen ist die Idee neuartig? In welchem Sinn ist sie überraschend? Anhand welcher Kriterien wird beurteilt, ob eine Idee beziehungsweise ein Artefakt wertvoll ist und wer entscheidet darüber? Von diesen drei Fragen ist es die dritte, die wohl die grössten Probleme aufgibt, weil sie am stärksten auf die soziale, sprich (inter)subjektive Dimension des Kreativitätskonzepts hinweist. Aber auch die anderen Fragen werden uns in den Diskursen um die Beispiele künstlicher Kreativität, die in dieser Arbeit analysiert werden, noch ausreichend beschäftigen. Hinzu kommt, dass Kreativität mitunter auch ganz anders verstanden wird, als Boden es tut, und dabei eine Vielzahl von anderen und nicht minder problematischen Begriffen wie Bewusstsein, Intentionalität, Emotionalität, Genie oder Autonomie ins Feld geführt werden, die in immer wieder unterschiedlichen Kräfteverhältnissen und Zusammensetzungen ebenfalls stets mitschwirren, wenn von Kreativität – oder Kunst – die Rede ist.

Gerade weil es sich bei der Kreativität um einen so schwammigen Begriff handelt, künstliche Kreativität ein sehr heterogenes Feld ist und weil die Sekundärliteratur dazu noch in Kinder- oder zumindest Teenagerschuhen steckt, habe ich mich für die vorliegende Arbeit für ein exploratives beziehungsweise induktives Vorgehen entschieden. Anhand einzelner, unterschiedlich gelagerter Bei-

---

20 Boden 2014, 227.
21 Boden 2006, 25.

spiele künstlicher Kunst, die in der Öffentlichkeit oder Teilen der Öffentlichkeit eine gewisse Relevanz gewannen, werden die unterschiedlichen Facetten des Diskurses um die künstliche Kreativität näher beleuchtet. Dabei gehe ich einerseits auf die Eigenheiten jedes einzelnen Beispiels ein, was ihre spezifische Ästhetik, Autorschaftskonstellationen und -konstruktionen sowie die jeweiligen Produktionskontexte und insbesondere die Rezeption der einzelnen Kunstwerke angeht, andererseits werden die dabei gewonnenen Einsichten mit einer breiten Auswahl von kulturwissenschaftlichen und philosophischen Basistexten und Theorien unterfüttert und so in einen grösseren Kontext eingeordnet. Wichtig dabei ist, dass die dazu ausgewählten Texte den Beispielen folgen und nicht etwa umgekehrt. Ein solches Vorgehen hat den Vorteil, eine grössere Offenheit gegenüber Ambiguitäten und unvorhergesehenen Resultaten zu ermöglichen, womit wir bereits zwei weitere oft zitierte Kernaspekte von Kreativität – Divergenz und Zufall – gestreift haben. Auf einen eigentlichen, von der Analyse der Beispiele abgegrenzten Theorieteil wird aus den genannten Gründen verzichtet.

Die vier Beispiele, die ich zur Behandlung meiner Fragestellung gewählt habe, decken die Kunstformen des Films, des Computerspiels, der bildenden Kunst sowie der Musik ab: Sie beinhalten den Kurzfilm *Sunspring* von Oscar Sharp und Ross Goodwin, die Textadventure-Plattform *AI Dungeon* vom Entwicklungsstudio Latitude, das Gemälde und Werbeprojekt der ING-Gruppe *The Next Rembrandt* sowie die Kompositionen *Biocomputer Music* und *Biocomputer Rhythms* von Eduardo Miranda, der als Professor für Computermusik an der Universität Plymouth tätig ist. Alle der genannten Artefakte haben gemeinsam, dass sie zu einem wesentlichen oder zum grössten Teil mithilfe bestimmter Formen von künstlicher Intelligenz computergeneriert wurden und dass der kreativen Leistung des Computers seitens der Urheber:innen und des Publikums eine besondere Beachtung geschenkt wird, sprich der Aspekt der künstlichen Kreativität in zentraler Weise thematisiert wird. Trotz der Gemeinsamkeit der Beispiele als Produkte künstlicher Kreativität wird in ihrer Analyse ein besonderes Augenmerk auf ihre Unterschiedlichkeit gelegt, um das komplexe Thema der künstlichen Kreativität in möglichst vielseitiger und multiperspektivischer Art und Weise zu behandeln.

Ich möchte an dieser Stelle die vier analysierten Kunstprojekte kurz vorstellen:
1. *Sunspring* ist ein Science-Fiction-Kurzfilm, der für die 48-Stunden-Filmchallenge des Sci-Fi-London-Festivals produziert wurde und auf die Initiative des Regisseurs Oscar Sharp sowie des KI-Künstlers Ross Goodwin zurückgeht. Das Besondere dabei ist, dass das Drehbuch des Films komplett von einer von Goodwin entwickelten künstlichen Intelligenz, genauer einem «long-short term memory recurrent neural network», das mittlerweile den Namen *Benjamin* trägt,

geschrieben und seitens der menschlichen Beteiligten kaum kuratiert wurde. Für das mit nur geringen finanziellen Mitteln verwirklichte Projekt konnten zudem einige namhafte Schauspieler:innen gewonnen werden, unter denen vor allem Thomas Middleditch hervorsticht, der unter anderem aus der Serie *Silicon Valley* bekannt ist. Dabei ist eine äusserst sonderbare, inhaltlich weitgehend inkohärente Weltallromanze in Camp-Ästhetik entstanden, die medial dennoch – oder gerade deswegen – einige Wellen geschlagen hat. Der Kurzfilm wirft interessante Fragen zur kreativen Kollaboration zwischen Mensch und Maschine, zum Verhältnis von Form und Inhalt sowie zur Autorschaft künstlich generierter Texte auf. Obwohl ursprünglich geplant war, vor allem den Film als solchen in der Analyse zu thematisieren, zeichnete sich schnell ab, dass dem Diskurs um den künstlichen Drehbuchautor *Benjamin* besondere Aufmerksamkeit geschenkt werden würde. Dieser wird in ironischer Art und Weise anthropomorphisiert, als klassisches Autorgenie inszeniert und nimmt auch funktional eine besondere Stellung in der Interaktion zwischen Regisseur, Schauspieler:innen, dem weiteren Filmpersonal und dem Publikum ein, die für die Rezeption des Films zentral ist und deutliche Züge von Spiel im Sinne Johan Huizingas[22] trägt. Zudem werden einige oft zitierte Eigenschaften von Kreativität wie Bewusstsein und Intention kritisch hinterfragt, in den historischen Kontext des Surrealismus gestellt und genialistische Kreativitätskonzeptionen zugunsten eines Models kreativer Kollaboration hinterfragt.

2. Eine noch zentralere Rolle spielt die Textgenerierung in *AI Dungeon*. Das Spiel orientiert sich an frühen, rein textbasierten Computerspielen, genauer der Interactive Fiction der 1970er- und 80er-Jahre. Diese verstand sich einerseits als spielbare Literatur, weist dabei aber auch eindeutige Bezüge zu Pen-and-Paper-Rollenspielen wie *Dungeons & Dragons* auf. Ähnlich wie in *Dungeons & Dragons* werden die Spieler:innen eines Interactive-Fiction-Werks (auch als Textadventures bekannt) von einer anonymen, narrativen Instanz durch eine Geschichte geführt, indem diese die Spieler:innen über Beschreibungen der Spielwelt versorgt, über erfolgreiche und erfolglose Aktionen informiert, die Handlung erzählt und das Spiel so leitet. Während die Entscheidungsfreiheit der Spieler:innen bei diesen frühen Vertretern der Interactive Fiction jedoch arg beschränkt war und nur eine vergleichsweise kleine Zahl an verschiedenen Lösungswegen zuliess, weil jede mögliche Aktion vorgängig programmiert werden musste und der Verlauf der Geschichte im Wesentlichen von den Entwickler:innen festgelegt wurde, ist die Textgenerierung in *AI Dungeon* prinzipiell endlos, wobei jeder erdenkliche Input der Spieler:innen vom Compu-

---

22 Vgl. Huizinga 1980.

ter umgesetzt werden kann und die Geschichte nicht vorgefertigt ist, sondern im dynamischen Wechselspiel zwischen Mensch und Computer spontan entsteht. Dazu nutzt die *AI Dungeon* eine modifizierte Version des Sprachverarbeitungsmodells GPT-3 aus dem Hause OpenAI, bei der es sich um die gegenwärtig leistungsstärkste Sprach-KI überhaupt handelt und die in der Lage ist, überraschend kohärente Texte zu schreiben. In gewissem Sinne kommt *AI Dungeon* damit dem Ideal des Pen-and-Paper-Rollenspiels, das als Form des oralen Erzählens ebenfalls eine gewisse Offenheit des Narrativs voraussetzt, deutlich näher als die traditionelle Interactive Fiction. Gleichzeitig trägt das kokreative Spiel zwischen Mensch und Computer deutliche Züge von Interpassivität; ein Konzept, das vom österreichischen Philosoph Robert Pfaller geprägt wurde. Zu guter Letzt zeigt sich im Rahmen der Diskussionen um die Anpassungen des Spiels im Frühling 2021 aber auch, welche Gefahren in der künstlichen Kreativität schlummern.

3. Weiter geht es mit *The Next Rembrandt*. Dabei handelt es sich um ein Werbeprojekt der ING-Bankengruppe, die die Agentur JWT Amsterdam damit beauftragt hat, den innovativen Geist der Bank in ihr «sponsorship of Dutch Arts and Culture» einzubringen,[23] womit sie auf ihre Rolle als Hauptsponsor des niederländischen Rijksmuseum hinweisen. JWT Amsterdam erfüllte diesen Auftrag, indem sie mithilfe komplexer Algorithmen ein neues Porträt im Stil Rembrandts anfertigten und dieses mit einem fortschrittlichen 3D-Drucker in die Form eines handgemalten, gerahmten Porträts brachten. Dahinter steckt ein enorm zeit- und arbeitsintensives Unterfangen, mit dem ein interdisziplinäres Team betraut war, das neben Informatiker:innen auch aus Kunsthistoriker:innen, Datenanalyst:innen und Marketingexpert:innen bestand. Die dabei verwendete Technik ist bemerkenswert raffiniert: Das Gemälde imitiert nicht nur Motiv, Farbgebung und die einzelnen Gesichtszüge der Originalporträts Rembrandts, sondern sogar – bis zu einem gewissen Grad – seine Maltechnik, indem eine sogenannte Height Map die Dicke der Farbschichten authentisch wiedergibt. Damit ist *The Next Rembrandt* aber nicht nur ein Showcase technischer Möglichkeiten, sondern nimmt ebenfalls Teil an einem viel älteren Diskurs: dem Diskurs um das Genie und dessen Unsterblichkeit. Wo jedoch *Sunspring* den Geniegedanken subvertiert und ironisiert, scheint *The Next Rembrandt* den Geniekult um den historischen Rembrandt vielmehr zu affirmieren und aktualisieren. Die künstliche Intelligenz tritt hier weniger als Schöpfer neuartiger Kunst zu Tage, denn als Mittel zur Zombifizierung vergangenen menschlichen Schaffens. Damit werden neben dem Aspekt der Autorschaft insbesondere Fragen nach dem Verhältnis

---

23 The Next Rembrandt Newsroom 2016.

von Reproduktion und Original sowie der Authentizität relevant, die Walter Benjamin bereits zu Beginn des letzten Jahrhunderts thematisierte. Sein Text über das *Kunstwerk im Zeitalter seiner technischen Reproduzierbarkeit*[24] wird deshalb kritisch aktualisiert und in Zusammenhang mit der Indexikalitätsdebatte gestellt. Interessant ist zudem die Bandbreite der öffentlichen Reaktionen auf den neuen Rembrandt: Während viele Laien sowie Technologie- und Marketingfans das Porträt begeistert aufnahmen, sprachen die meisten Kunstkritiker:innen dem Werk jede Aura und Beseeltheit ab. Um diese Diskrepanz in der öffentlichen Wahrnehmung besser kontextualisieren und beurteilen zu können, wird unter anderem auf die These des Wanderns der Aura von Bruno Latour und Adam Lowe[25] zurückgegriffen.

4. Als letztes Beispiel künstlicher Kreativität dienen zwei Musikkompositionen Eduardo Mirandas: *Biocomputer Music* und *Biocomputer Rhythms*. Die künstliche Intelligenz, mit der Miranda ein Duett auf dem Flügel spielt, ist genau genommen eine natürliche; oder, um es in den Worten des Professors für Computermusik zu formulieren, eine natürliche künstliche Intelligenz.[26] Wie das? Miranda, der auch im Gebiet des Unconventional Computing tätig ist, baute für diese beiden Kompositionen einen hybriden Computerschaltkreis, der neben herkömmlichen, silikonbasierten Bauteilen auch biologische Elemente enthält – eben einen Biocomputer. Dazu wird ein Lebewesen namens *Physarum polycephalum* genutzt, das spezielle elektronische Eigenschaften aufweist, die jenen eines sogenannten Memristor ähneln. Aus philosophischer und kreativitätstheoretischer Sicht ist das hochinteressant: Nicht nur findet durch die biologischen Bestandteile ein grösseres Mass an Ungenauigkeit und somit Unvorhersehbarkeit in den Computer Einzug, sondern es werden dabei auch so grundlegende Dualismen wie jene von natürlich und künstlich, analog und digital, belebt und unbelebt oder Subjekt und Objekt aufgeweicht. Gerade diese Dualismen formen jedoch das allgemeine Verständnis von Kunst und Kreativität in entscheidender Weise vor. Was dabei entsteht, ist ein musikalisches Experiment, für das gängige Werturteile über künstliche Kreativität nicht mehr anwendbar sind. Zum Beispiel kann nicht mehr gesagt werden, dass ein Computer nur tut, was man ihm sagt, und das künstliche, kreative Produkt wird in diesem Sinne mehr als die Summe seiner Teile, zeigt sich also als Emergenzphänomen. Zudem hält damit ein neuer und eher unerwarteter Aspekt in das Feld der künstlichen Kreativität Einzug, den man als Interspezieskommunika-

---

24 Benjamin 2010.
25 Latour, Lowe 2010.
26 Vgl. Richter 2018, 20.

tion oder als artenübergreifende kreative Kollaboration bezeichnen könnte. In diesem Zusammenhang wird Bezug genommen zu Gilles Deleuzes und Félix Guattaris Begriff des Tierwerdens,[27] der ein nützliches Werkzeug für die Analyse der komplexen Wechselwirkungen darstellt, die zwischen allen Kategorien zu liegen scheinen, in denen gemeinhin über Kreativität, (Computer-)Kunst oder die Welt überhaupt nachgedacht wird.

Ich möchte an dieser Stelle nochmal deutlich machen, dass die gewählten Beispiele keinen Anspruch auf Repräsentativität erheben; zumindest nicht in dem Sinne, dass die Beispiele in irgendeiner Weise typisch wären für Produkte künstlicher Kreativität im Allgemeinen. Das Anliegen, das ich mit dieser Arbeit verfolge, ist nicht, eine Typologie von Computerkunst zu erstellen, sondern im Gegenteil, den manchmal allzu simplen Diskurs um die künstliche Kreativität zu verkomplizieren, indem ich die Heterogenität der künstlichen Kunst und die Eigenlogik jedes einzelnen, computergenerierten Kunstwerks betonen möchte. Denn gerade in den durch Beispiele künstlicher Kreativität provozierten Reibungen, Widerständen und Widersprüchen zu vorgefertigten Ideen von Kunst und Kreativität finden sich wichtige Hinweise auf die vielfältigen und unterschiedlichen Konzeptionen des Schöpferischen, die auch an anderen Schauplätzen von Kultur reflektiert werden; nicht zuletzt im Zusammenhang der zu Beginn angesprochenen Konstruktion des menschlichen Subjekts und dessen Beziehungen zu seiner Umwelt.

---

27 Deleuze, Guattari 1992, 317–422.

«I don't know what you're talking about»: *Sunspring* zwischen menschlicher und maschineller Kreativität

> *«Blödem Volke unverständlich*
> *treiben wir des Lebens Spiel.*
> *Gerade das, was unabwendlich*
> *fruchtet unserm Spott als Ziel.*
>
> *Magst es Kinder-Rache nennen*
> *an des Daseins tiefem Ernst;*
> *wirst das Leben besser kennen,*
> *wenn du uns verstehen lernst.»*
>
> *Christian Morgenstern: Galgenberg.*
> *(Alle Galgenlieder. Zürich 1981, 98)*

Spätestens seit Isaac Asimov gehört die Idee von Robotern, die dem Menschen in ihrem Aussehen wie in ihren Fähigkeiten zum Verwechseln ähnlich sind, zum Science-Fiction-Genre wie Tomatensauce zu Spaghetti oder Romeo zu Julia. Wie bereits bei spätromantischen Figuren wie Frankensteins Monster oder E. T. A. Hoffmanns Automaten, die als Vorläufer heutiger Roboter und Androiden gesehen werden können, scheint die Vorstellung einer künstlichen Kreatur mit eigenem Bewusstsein eine besondere Faszination auszuüben, wie etwa die Frage «Do androids dream of electric sheep?» im Titel von Philip K. Dicks Erfolgsroman exemplarisch – und humorvoll – zeigt.

Was also liegt näher, als einen Science-Fiction-Film zu kreieren, der nicht bloss von einem solchen Roboter handelt, sondern von ihm «erträumt» wurde? Eine ähnliche Vorstellung schienen auch Oscar Sharp und Ross Goodwin verfolgt zu haben, als ihnen die Idee zu *Sunspring* kam.

Produziert wurde der kuriose Kurzfilm für die 48 Hour Film Challenge des Sci-Fi-London-Filmfestivals. Die Regeln des Wettbewerbs sind schnell erklärt: Die teilnehmenden Teams werden aufgefordert, innerhalb 48 Stunden einen Kurzfilm einzureichen, wobei der Titel, eine Requisite beziehungsweise ein Handlungselement und eine Zeile Dialog zufällig vorgegeben und zwingend mit einbezogen werden müssen. Anschliessend kürt eine Jury den besten Beitrag. Regisseur Oscar Sharp wollte mithilfe von *Benjamin* den Wettbewerb gewinnen:

«The question for us is: can a computer write a screenplay that will win a competition?»[28]

The Curious Code of *Benjamin*

Benjamin ist, wie bereits klar sein dürfte, kein Mensch, sondern ein von Ross Goodwin geschaffenes «long short-term memory recurrent neural network» (LSTM RNN). Was nach einer mehr oder weniger zufälligen Aneinanderreihung von technischen Begriffen klingt, ist eine bestimmte, vergleichsweise neue Architektur künstlicher Intelligenz, die 1997 von den beiden deutschen Informatikern Sepp Hochreiter und Jürgen Schmidhuber als Verbesserung traditioneller RNNs entwickelt wurde[29] und seit den 2010er-Jahren verstärkt und in verschiedensten Anwendungsbereichen zum Zug kommt: Dazu gehören insbesondere die Spracherkennung (wie sie zum Beispiel in mobilen Assistenten wie Apples Siri, Microsofts Cortana, Amazons Alexa oder von Google Assistant genutzt wird), aber auch maschinelle Übersetzungsdienste wie Google Translate, die Steuerung von Robotern, die automatische Handschriftenerkennung, die Musikkomposition oder eben die maschinelle Textgenerierung wie in *Sunspring*.

Bereits traditionelle RNNs, die es seit den 1980er-Jahren gibt, zeichnen sich dadurch aus, dass sie nicht bloss vorwärtsdenken, sondern über eine Art rudimentäres Gedächtnis verfügen: «Instead of the usual feed-forward process for solving a problem, [...] the networks could also move a few steps back or in a feedback loop. This meant they had a sort of memory. Past decisions could affect their responses to new data.»[30] Ein solches Gedächtnis beziehungsweise solche «feedback loops» sind von immenser Wichtigkeit bei den oben gelisteten Anwendungen (und natürlich auch beim Schreiben eines Drehbuchs eines Science-Fiction-Kurzfilms), weil sie es erlauben, den Kontext einer Information zu berücksichtigen.

Stellen wir uns eine KI vor, die die Aufgabe bekommt, den folgenden Satz sinnvoll zu ergänzen:[31] «Sie spricht fliessend x.» Ein traditionelles neuronales Netzwerk ist vielleicht gerade noch intelligent genug, zu erkennen, dass an der Stelle x ein Nomen folgen sollte, berücksichtigt jedoch kaum, dass die vorhergehende Information «spricht» (besonders im Zusammenhang mit «fliessend») auf eine Sprache hinweist. Ein (nicht-LSTM-)RNN wiederum ist in der Lage,

---

28 Sunspring 2016, 7:56–8:05.
29 Vgl. Hochreiter, Schmidhuber 1997.
30 Miller 2019, 138.
31 Für die nachfolgenden Ausführungen und Beispiele vgl. Olah 2015.

diese vorhergehende Information in seine Entscheidung einfliessen zu lassen, denn «[RNNs] are networks with loops in them, allowing information to persist».[32] Es dürfte deshalb zum Schluss kommen, dass an Stelle *x* eine Sprache wie Deutsch, Arabisch oder Japanisch folgen sollte; wobei die Wahrscheinlichkeit, welche Sprache davon gewählt wird, vor allem von ihrer anteilsmässigen Vertretung in den Trainingsdaten abhängen dürfte.

Aber auch das Gedächtnis traditioneller RNNs ist ziemlich beschränkt, was den Grund für die Entwicklung von LSTM RNNs darstellt: «LSTM protects RNN against memory loss by gating off the results accrued by the RNNs and keeping them in a memory cache.»[33] Um beim gleichen Beispiel zu bleiben: Ein LSTM RNN wird im Idealfall nicht bloss erkennen, dass die Information «spricht fliessend» auf eine Sprache hinweist, sondern kann sich auch an noch weiter zurückliegende Informationen erinnern und diese sinnvoll verarbeiten. Lautet der oder ein vorhergehender Satz: «Sie hat viele Jahre in Frankreich gelebt und studierte Literaturwissenschaften an einer renommierten Pariser Universität», wird das ein LSTM RNN berücksichtigen und sich auf dieser Basis für die logischste Ergänzung unseres Beispielsatzes entscheiden: «Sie spricht fliessend *Französisch*.» Für ein traditionelles RNN ohne *long short-term memory* wäre diese Aufgabe, obwohl theoretisch möglich, kaum zuverlässig zu lösen, weil es Mühe damit hat, Informationen über längere Zeit zu bewahren beziehungsweise relevante von irrelevanter Information zu unterscheiden.[34]

Damit ein neuronales Netzwerk aber überhaupt irgendetwas Sinnvolles schreiben kann, muss es erst mit Daten gefüttert werden, mithilfe deren es lernt, wie die Information auszusehen hat, die es (re)produzieren soll. Dies wird auch als Machine-Learning bezeichnet. Ähnlich wie beim Menschen definiert der Input dabei im Wesentlichen den Output: Wer über Jahrzehnte hinweg ausschliesslich Fantasy-Romane liest, aber kein einziges Sachbuch über Botanik, wird schlussendlich mit grosser Genauigkeit zwischen Trollen, Gnomen und Elfen unterscheiden, aber womöglich kaum eine Rose von einer Tulpe auseinanderhalten können – von den botanischen, lateinischen Namen für diese Blumen mal ganz abgesehen. Und natürlich wird die jeweilige Lektüre, ceteris paribus, auch klare Konsequenzen für den Schreibstil haben, da sich Sachbücher und Romane nicht nur im Vokabular, sondern auch in der sprachlichen Form unterscheiden. Für Ross Goodwin, *Benjamins* Vater, bedeutete dies: Um seine künstliche Intelligenz ein Science-Fiction-Drehbuch schreiben zu lassen, musste er dieser erst

32 Olah 2015.
33 Miller 2019, 138.
34 Für eine genauere, technische Erklärung dazu, warum das so ist, vgl. Hochreiter 1991 sowie Bengio, Simard, Frasconi 1994.

```
INT. SHIP                                                              C
                                                        I was coming to that thing because
We see H pull a book from a shelf, flip through it while you were so pretty.
speaking, and then put it back.
                                                                       H
                H                                       I don't know. I don't know what
In a future with mass unemployment,                     you're talking about.
young people are forced to sell
blood. That's the first thing I can                                    C
do.                                                     That's right.

                H2                                                     H
You should see the boys and shut                        So what are you doing?
up. I was the one who was going to
be a hundred years old.                                                H2
                                                        I don't want to be honest with you.
                H
I saw him again. The way you were              He looks at him for a moment, then smiles at him.
sent to me... that was a big honest
idea. I am not a bright light.                                         H
                                                        You don't have to be a doctor.
                C
Well, I have to go to the skull. I                                     H2
don't know.                                             I am not sure. I don't know what
                                                        you're talking about.
He picks up a light screen and fights the security force of
the particles of a transmission on his face.                           H
                                                        I want to see you too.
                H
            (continuing)                                               H2
What do you mean?                                       What do you mean?
                                                                                            He sta
                C                                                      H
            (smiles)                                    I'm sorry, but I'm sure you
I don't know anything about any of                      wouldn't even touch me.
this.
                                                                       H2
            (to Hauk, taking his eyes                   I don't know what you're talking
              from his mouth)                           about.
Then what?
                                                                       H
                H2                                      The principle is completely
There's no answer.                                      constructed for the same time.

                C                                                      H2
            (frowning)                                              (smiling)
We're going to see the money.                           It was all about you to be true.

                H                                                      H
            (reading)                                   You didn't even see the movie with
"All right, you can't tell me                           the rest of the base.
that."
                                                                       H2
Steps back. Coffey is still going through.              I don't know.

                                                                       H
                                                        I don't care.
```

Abb. 1: Das Drehbuch zu Sunspring

beibringen, was ein Science-Fiction-Drehbuch überhaupt ist. Dazu fütterte er *Benjamin* mit etwa 150 Drehbüchern bekannter Sci-Fi-Filme und -Serien, von *Alien* über *Matrix* bis hin zu *Star Trek* und *X-Files*.[35] Auf der Basis dieses Trainings produzierte *Benjamin* schliesslich das Drehbuch zu *Sunspring* (sowie einen Popsong, der ebenfalls im Film vorkommt und für den er wiederum mit Liedtexten gefüttert wurde).

---

35 Die komplette Liste ist im Vorspann des Films zu sehen. Vgl. Sunspring 2016, 0:18–0:31.

```
                    H2                      He is standing in the stars and sitting on the floor. He
e          I know that it's a consequence.  takes a seat on the counter and pulls the camera over to his
           Whatever you want to know about the  back. He stares at it. He is on the phone. He cuts the
           presence of the story, I'm a little  shotgun from the edge of the room and puts it in his mouth.
           bit of a boy on the floor.       He sees a black hole in the floor leading to the man on the
                                            roof.
                    H
           I don't know. I just have to ask  He comes up behind him to protect him. He is still standing
           you to explain to me what you say.  next to him.

                    H2                      He looks through the door and the door closes. He looks at
           What do you mean?                the bag from his backpack, and starts to cry.

                    H                                       T
           Because I don't know what you're             Well, there's the situation with me
u.         talking about.                               and the light on the ship. The guy
t him.                                                  was trying to stop me. He was like
                    H2                                  a baby and he was gone. I was
           That was all the time.                       worried about him. But even if he
                                                        would have done it all. He couldn't
                    H                                   come any more. I didn't mean to be
           I know that.                                 a virgin. I mean, he was weak. And
                                                        I thought I'd change my mind. He
                    H2                                  was crazy to take it out. It was a
           I don't know.                                long time ago. He was a little
                                                        late. I was going to be a moment. I
                    H                                   just wanted to tell you that I was
                (angry)                                 much better than he did. I had to
           It would be a good time. I think I           stop him and I couldn't even tell.
           could have been my life.                     I didn't want to hurt him. I'm
                                                        sorry. I know I don't like him. I
He starts to shake.                                     can go home and be so bad and I
                                                        love him. So I can get him all the
                   H (CONT'D)                           way over here and find the square
           It may never be forgiven, but that           and go to the game with him and she
           is just too bad. I have to leave,            won't show up. Then I'll check it
           but I'm not free of the world.               out. But I'm going to see him when
                                                        he gets to me. He looks at me and
                    C                                   he throws me out of his eyes. Then
           Yes. Perhaps I should take it from           he said he'd go to bed with me.
           here. I'm not going to do
           something.

                    H
           You can't afford to take this
           anywhere. It's not a dream. But
           I've got a good time to stay there.

                    C
h          Well, I think you can still be back
           on the table.

                    H
           Mmm. It's a damn thing scared to
           say. Nothing is going to be a
           thing but I was the one that got on
           this rock with a child and then I
           left the other two.
```

So viel zumindest zur (stark simplifizierten) Theorie. Wie es denn um den konkreten künstlerischen Wert von *Benjamins* Drehbuch bestellt ist, kann letztlich nur jede:r Einzelne entscheiden. Zu diesem Zweck habe ich das Skript zu *Sunspring*, wie es im Vorspann des Films gezeigt wird, hier abgedruckt (Abb. 1) und empfehle, dieses kurz durchzulesen. Alternativ kann das Drehbuch auch online eingesehen werden auf der offiziellen Webseite des Regisseurs Oscar Sharp.[36]

36 Zu finden unter www.thereforefilms.com/uploads/6/5/1/0/6510220/sunspring_final.pdf.

Bei der Lektüre des Drehbuchs (wie auch dem Betrachten des Films) dürfte schnell klar werden, dass es trotz der elaborierten Technologie dahinter alles andere als einfach ist, *Benjamins* Text Bedeutung abzuringen. Zwar werden alle wichtigen formalen Vorgaben an ein Drehbuch erfüllt und die Sätze sind orthografisch weitgehend korrekt, doch die Handlung ist inkohärent und wirr. Es ist die Rede davon, dass junge Leute in der Zukunft gezwungen sein sollen, aus finanziellen Gründen ihr Blut zu verkaufen (wobei es sich um die Handlungsvorgabe durch den Filmwettbewerb handelt), während sich gleichzeitig eine Art Beziehungskonflikt beziehungsweise eine romantische Dreiecksbeziehung zwischen den drei Hauptfiguren abzuspielen scheint, und zum Schluss hin wird offenbar auf einen Selbstmord angespielt («He cuts the shotgun from the edge of the room and puts it in his mouth»), aber wie die einzelnen Szenen zusammenhängen, bleibt unklar. Es ist deshalb so gut wie unmöglich, eine klare Zusammenfassung zu formulieren oder das Drehbuch, wie auch den endgültigen Film, hinsichtlich seines Sinngehalts zu deuten, wie es bei anderen Filmen meist problemlos getan werden kann.

Es handelt sich beim Drehbuch um ein pasticheartiges Konglomerat einzelner Sprachbilder, was sich auch auf den Film überträgt. Es ergibt deshalb mehr Sinn, sich auf einzelne Elemente des Werks zu konzentrieren, als eine umfassende inhaltliche Analyse von *Sunspring* vorzunehmen. Aus diesem Grund wird im Fokus des ersten Teils dieses Unterkapitels nicht der Film als solches (beziehungsweise die Art und Weise seiner menschlichen Inszenierung) stehen, sondern ausführlich der Frage nachgegangen werden, wie der künstliche Drehbuchautor *Benjamin* im Zuge des kreativen Prozesses hinter *Sunspring* in Erscheinung tritt und wie mit diesem seitens der anderen beteiligten Akteure interagiert wird.

Auf Huizingas Spuren: Homo ludens, machina ludens

Im vorangehenden Unterkapitel habe ich mich im Wesentlichen auf die Aussage beschränkt, dass *Benjamin* ein LSTM RNN ist und einen groben Überblick über den technischen Hintergrund von *Sunspring* gegeben. Allerdings vertrete ich die Ansicht, dass *Benjamin* als realer und im Abspann des Films auch so gewürdigter[37] Drehbuchautor eines Sci-Fi-Kurzfilms gewissermassen mehr ist als bloss ein neuronales Netzwerk.

So wie es wenig Sinn ergeben würde, über Macbeth zu sprechen, indem man sich darauf beschränkt, die Funktionsweise von Shakespeares Gehirn zu untersu-

---

37 Sunspring 2016, 8:48.

chen, reicht es nicht, aus einer rein technologischen Perspektive über *Sunspring* beziehungsweise *Benjamin* zu sprechen. Zudem ist *Benjamin*, in seiner Funktion als Drehbuchautor, schliesslich nur einer der Akteure, die an der Verwirklichung seines Films beteiligt waren.

Um sein Skript zum Leben zu erwecken, trat *Benjamin* gezwungenermassen in Dialog mit einer ganzen Reihe von anderen, menschlichen Akteuren wie Schauspieler:innen, Szenograf:innen, Kameraleuten oder dem Regisseur, aber auch mit den Zuschauer:innen und den Verantwortlichen von Sci-Fi-London, die sogar ein kurzes Interview mit ihm abhielten.

In dieser Konstellation – in diesem Netzwerk, wenn man so will – geschieht etwas Bemerkenswertes mit *Benjamin*. Er gewinnt so etwas wie Subjektstatus, was normalerweise Menschen vorbehalten ist; oder zumindest scheint er von den menschlichen Beteiligten als gleichwertiger kreativer Kollaborateur behandelt und wahrgenommen zu werden. So schreibt Annalee Newitz im bekannten Technologieblog Ars Technica Folgendes:

> «As I was talking to Sharp and Goodwin, I noticed that all of us slipped between referring to Benjamin as ‹he› and ‹it›. We attributed motivations to the AI, and at one point Sharp even mourned how poorly he felt that he'd interpreted Benjamin's stage directions. It was as if he were talking about letting a person down when he apologized for only having 48 hours to figure out what it meant for one of the actors to stand in the stars and sit on the floor at the same time.»[38]

Auch wenn es sich nur um ein kurzes Zitat handelt, verstecken sich darin gleich mehrere hochinteressante Aspekte, die ich genauer besprechen möchte: Es sind dies der wechselnde Gebrauch der Pronomen «he» und «it», die Zuschreibung von Intention an *Benjamin* sowie die überraschende Ernst- und Gewissenhaftigkeit bei der Interpretation und Umsetzung von *Benjamins* Skript, das genauso gut als reiner Un- oder Blödsinn abgetan werden könnte, durch den Regisseur Oscar Sharp; zu guter Letzt aber auch der ironisch-amüsierte Unterton, der bei Newitz' Schilderung ebenfalls mitzuschwingen scheint.

Um ein besseres Verständnis davon zu gewinnen, was in dem obigen Zitat genau abläuft, möchte ich mich auf die Überlegungen zum Spielelement in der Kultur von Johan Huizinga stützen.

Sofern man mit dem niederländischen Kulturhistoriker einverstanden ist, gibt es ein ludisches Element, das alle Kultur beziehungsweise alle kulturellen Phänomene durchdringt und diesen vorgelagert ist: «The great archetypal activities of human society are all permeated with play from the start.»[39] Über Kultur zu sprechen,

---

[38] Newitz 2016.
[39] Huizinga 1980, 4.

bedeutet deshalb immer auch, über «play», das Spielelement, zu sprechen,[40] ohne das es keine Kultur gäbe – was jedoch nicht heisst, dass jede menschliche Aktivität nur Spiel sei.[41] Huizinga argumentiert diesbezüglich, dass die Verbindung zum Spiel, neben der Musik, besonders deutlich bei der Dichtung zu Tage tritt: «[...] while in the more highly organized forms of society religion, science, law, war and politics gradually lose touch with play, [...] the function of the poet still remains fixed in the play-sphere where it was born. *Poiesis*, in fact, is a play-function»,[42] oder an anderer Stelle: «Poetry in its original culture-making capacity, is born in and as play [...].»[43]

Bis zu einem gewissen Grad ist Spiel also mit Kreativität gleichzusetzen; zumindest lässt sich sagen, dass ohne Spielelement kein künstlerisches Schaffen möglich scheint. Auch Huizinga betont deshalb, zum Beispiel im Rahmen seiner Besprechung des antiken Begriffs der *mimesis*, die Rolle des Spiels als kreative beziehungsweise generative Funktion: «The point for us is that Plato understood creativity as play.»[44]

Den Begriff des Spiels (*play*) definiert Huizinga wie folgt: «It is an activity which proceeds within certain limits of time and space, in a visible order, according to rules freely accepted, and outside the sphere of necessity or material utility.»[45] Das bedeutet unter anderem, dass sich das Spiel räumlich, zeitlich und in Bezug auf seine Eigenlogik explizit vom gewöhnlichen Leben abgrenzt.[46] Dies sei den Spielenden jedoch immer bewusst: «[...] play is not ‹ordinary› or ‹real› life. It is rather a stepping out of ‹real› life into a temporary sphere of activity with a disposition of its own. Every child knows perfectly well that he's ‹only pretending›, or that it was ‹only for fun›.»

---

40 Tatsächlich bleibt einem auch gar nichts anderes übrig, da selbst für unsere Sprache das «Spiel» ein wesentliches Element ist, wie zum Beispiel das Stilmittel der Metapher sehr anschaulich zeigt. Vgl. Huizinga 1980, 4.
41 Vgl. Huizinga 1980, Vorwort (ohne Seitenzahl): «It is ancient wisdom, but it is also a little cheap, to call all human activity ‹play›. Those who are willing to content themselves with a metaphysical conclusion of this kind should not read this book». Vgl. auch Sandl 2014, 412.
42 Huizinga 1980, 119.
43 Ebd., 122.
44 Ebd., 162; vgl. auch Battle 2010.
45 Huizinga 1980, 132.
46 Im Fall von etablierten kulturellen, gesellschaftlichen oder religiösen Institutionen macht sich dieses Spielelement zum Beispiel durch spezielle Orte mit vom Alltag abweichenden Eigenregeln wie Tempeln, Gerichtshöfen oder Tennisplätzen bemerkbar, die formal ununterscheidbar vom «play-ground» seien (vgl. Huizinga 1980, 10). Ein vergleichbares Konzept finden wir übrigens auch bei Michel Foucault in Form der «Heterotopie», allerdings ohne expliziten Bezug zum Spiel. Vgl. Foucault 1986.

Dieses *pretending*, das So-tun-als-ob, führt aber auch zu Huizingas Erkenntnis, dass Spiel und Ernsthaftigkeit keine Antithesen sind: «the contrast between play and seriousness [...] is always fluid».[47] Tatsächlich ist der Ernst im Spiel für dieses gar unabdingbar, da man sonst ein Spielverderber (*spoil-sport*) sei, der in den Augen der Gesellschaft gar weniger akzeptiert würde als der Betrüger (*cheat*), da letzterer wenigstens die Illusion des Spiels beziehungsweise der Spielwelt aufrechterhalten würde, während der Spielverderber sie zerstöre.[48] Huizinga spricht deshalb auch vom heiligen Ernst des Spiels,[49] was sich zu so etwas wie einem geflügelten Wort entwickelte, das beispielsweise auch Hans Georg Gadamer bei seinen Überlegungen zum Spiel wieder aufgreift: «Das Spielen hat einen eigenen Wesensbezug zum Ernsten. Nicht nur, dass es darin seinen ‹Zweck› hat. Es geschieht ‹um der Erholung willen›, wie Aristoteles sagt. Wichtiger ist, dass im Spielen selbst ein eigener, ja, ein heiliger Ernst gelegen ist.»[50]

Kommen wir also zurück zu Newitz' Zitat und stellen uns folgende Frage: Trägt die Art und Weise, wie Sharp, Goodwin und Newitz mit *Benjamin* interagieren, nicht ebenfalls eindeutige Züge eines Spiels? Mit dem Gebrauch des männlichen Pronomens «he» tun sie, als ob *Benjamin* eine Person wäre – lassen mit dem Gebrauch des sächlichen Pronomens «it» aber auch immer wieder durchscheinen, dass sie sehr wohl wissen, dass «er» nur eine Maschine ist. Mit dem Zuschreiben von Intention tun sie, als ob *Benjamin* über ein Bewusstsein verfüge, amüsieren sich aber offenbar gleichzeitig auch darüber.

Auch der gewissenhafte Umgang mit *Benjamins* Skript durch Oscar Sharp ist dementsprechend Teil des *pretending*, des So-tun-als-ob. Viele Stellen des Drehbuchs sind tatsächlich durchweg kryptisch, gar absurd, wie etwa die Regieanweisung, dass eine der Figuren während eines Dialogs ihre Augen aus dem Mund nehmen solle, oder die angesprochene Szene, in der der Charakter H angewiesen wird, gleichzeitig in den Sternen zu stehen und auf dem Boden zu sitzen. Doch statt mit den Schultern zu zucken und Kaffee zu trinken, zeigt Sharp auch hier den heiligen Ernst eines Spielenden und tut sein Bestes, diese Stellen auf eine Art und Weise zu interpretieren, die filmisch umsetzbar ist, und zeigt sogar Angst davor, den vermeintlich gefühlslosen Drehbuchautor zu enttäuschen.[51] Er suggeriert, so scheint es, dass ein Scheitern nicht an der Zufälligkeit des Skripts, son-

---

47 Huizinga 1980, 8.
48 Ebd., 11.
49 Vgl. ebd., 23 f.
50 Gadamer 1986, 107.
51 «It was as if he were talking about letting a person down when he apologized for only having 48 hours to figure out what it meant for one of the actors to stand in the stars and sit on the floor at the same time». Newitz 2016.

dern einzig an Sharps eigenem, mangelndem Verständnis für *Benjamins* Vision läge. Man könnte auch sagen: Sharp befolgt die Regeln des Spiels absolut. Denn ein Aufbegehren seinerseits würde die Illusion, den Spiel-Raum, zerstören.
Das Gedankenspiel lässt sich jedoch noch weiterziehen. Solange wir uns in ebendiesem Spiel-Raum befinden, ergibt es Sinn zu sagen, dass nicht nur Sharp, Goodwin, Newitz und so weiter am Spielen sind, sondern auch *Benjamin* selbst. Sprich: Auch dieser tut, als ob er ein Mensch wäre, um die Illusion aufrechtzuerhalten.
Um Missverständnissen vorzubeugen: Ich möchte damit selbstverständlich nicht andeuten, dass eine künstliche Intelligenz über eine der menschlichen homologe Form von Bewusstsein verfügt (auch wenn dazu einiges an interessanten Texten und Forschungsbestrebungen existiert[52] und der Begriff des Bewusstseins ohnehin ein ziemlich schwammiger ist); aber um greifbar zu machen, was im kreativen Austausch mit *Benjamin* genau passiert, scheint es am erfolgversprechendsten, selber am Spiel teilzunehmen – wohlwissend, dass alles nur zum Spass ist und wir bloss so tun als ob …

Exkurs: «My name is Benjamin»

Wenn sich Menschen im digitalen Raum bewegen, zum Beispiel indem sie in Onlineforen miteinander diskutieren oder Computerspiele spielen, verwenden sie in der Regel einen erfundenen Benutzernamen oder Avatar, ein digitales Alter Ego, unter dem sie mit anderen User:innen beziehungsweise Spieler:innen anonym in Interaktion treten können. In der Kunst wird ebenfalls oft auf Künstlernamen zurückgegriffen. Es scheint deshalb nur folgerichtig, dass auch *Benjamin* sich seinen Namen selbst gegeben hat.
Ursprünglich hiess die künstliche Intelligenz hinter *Sunspring* nicht *Benjamin*, sondern *Jetson*. Goodwin, der die KI entwickelte, gab ihr diesen Namen nach der Hardware, auf der seine KI (damals) lief; einem eingebetteten System aus Nvidias *Jetson*-Reihe.[53] Dieser Name wird auch in *Sunspring* selbst referenziert: In der Anfangsszene des Films öffnet der Charakter H einen Bücherschrank und entnimmt daraus ein Buch, auf dessen Rücken «Sunspring by Ross Jetson» zu lesen ist.[54] Der Vorname Ross verweist dabei offensichtlich auf Ross Goodwin, der für seine Rolle als Programmierer des künstlichen Drehbuchautors *Benja-*

---

52 Vgl. Goertzel 2015.
53 Oscar Sharp in AT&T Developer Program 2018, 21:18–21:30.
54 Sunspring 2016, 1:08–1:13.

min (beziehungsweise *Jetson*) in den Filmcredits,[55] in öffentlichen Auftritten oder auf seinem Blog[56] gerne den Ausdruck «writer of the writer» verwendet. Das kann man so verstehen, dass Goodwin einerseits darauf hinweist, dass es ohne ihn *Jetson/Benjamin* und damit auch *Sunspring* nicht geben würde, andererseits weist er es aber von sich, daraus zu folgern, dass die Autorschaft des Drehbuchs nur bei ihm liege. Es handelt sich um ein interessantes Spiel aus Vereinnahmung und Distanz, was schlussendlich eine wichtige Rolle dabei spielte, dass *Jetson* heute als *Benjamin* bekannt ist.

Wie also kam es genau dazu? Neben dem offiziellen Jurypreis verleiht Sci-Fi-London auch einen Publikumspreis, für den der Gewinnerbeitrag, wie es für solche Wahlen üblich ist, durch eine anonyme Onlineabstimmung erkoren wird. Goodwin fiel jedoch schnell auf, dass einer der Konkurrenzfilme innerhalb kürzester Zeit Tausende von Stimmen erhielt, weshalb bei ihm der Verdacht aufkam, dass die Abstimmung mithilfe von Bots manipuliert würde,[57] was Festivaldirektor Louis Savy später bestätigte.[58] Anstatt Sci-Fi-London direkt über ihre Entdeckung zu informieren, entschieden sich Goodwin und Sharp jedoch dazu, den Spiess umzudrehen, indem sie denselben Computer, der auch *Sunspring* schrieb, für sich selbst abstimmen liessen: «We had him vote 36 000 times per hour in [the] last hours of the contest, and he crushed the cheaters.» Erst anschliessend rief Sharp bei Savy an «and confessed that their AI had voted for himself and that they wanted to distance themselves from the AI's actions».[59] Damit impliziert Sharp erneut, dass *Jetson/Benjamin* über einen eigenen Willen verfüge, wie es ja auch durchaus den gängigen Science-Fiction-Klischees entspricht, wobei die eigentliche Intention selbstverständlich war, den Festivaldirektor über die Betrügereien der Konkurrenz in Kenntnis zu setzen. Dieser war über das Spiel mit der angeblichen Autonomie der Maschine so amüsiert, dass er kurzerhand beschloss, *Jetson* an der Preisverleihung zu interviewen.

Die Antworten der KI waren auch in diesem Fall ziemlich kryptisch, aber das hielt das Publikum, den Festivaldirektor und die weiteren Beteiligten selbstverständlich nicht davon ab, das Spiel mit der Illusion einer eigenwilligen Maschine weiterhin mitzuspielen. Immerhin schien hier ein klassisches Motiv ihres Hauptinteressensbereichs, der Science-Fiction, sich in der realen Welt zu manifestie-

---

55 Sunspring 2016, 8:35.
56 Vgl. Goodwin 2016a.
57 Newitz 2016.
58 Vgl. Moules 2016: «Louis Savy, Sci-Fi London's founder and festival director, cancelled the contest and said he had also found evidence of human fraud, including 3,502 votes that came from a Canadian university network for one of Jetson's rivals».
59 Newitz 2016.

ren – auch wenn unabhängig denkende Maschinen in der Fiktion meist eher im Rahmen der Dystopie denn im Rahmen der Utopie auftreten. So wurden *Jetsons* Antworten auf die letzte Frage des Interviews, wenn auch unter Gelächter, abermals mit dem heiligen Ernst von Spielenden als bedeutungsschwangerer Ausdruck seines neuronalen Innenlebens aufgefasst:

«What's next for you?» «Here we go. The staff is divided by the train of the burning machine building with sweat. No one will see your face. The children reach into the furnace, but the light is still slipping to the floor. The world is still embarrassed. The party is with your staff.»

Und zu guter Letzt:

«My name is Benjamin.»[60]

Damit war der Name *Benjamin* geboren, den die KI bis heute trägt. Immerhin bat er selbst darum, so genannt zu werden, und es wäre respektlos, seinem Wunsch nicht Folge zu leisten. Vor allem aber wird mit der spielerischen Zuschreibung von Bewusstsein, was sich im Eigennamen manifestiert, eine Antwort auf die oft geäusserte Kritik gegeben, dass Computer nicht kreativ sein könnten, weil sie programmiert seien: «[…] being programmed is the antithesis of being autonomous – which (so this objection runs) is a necessary feature of creativity.»[61] Mit seiner Selbsttaufe zeigt *Benjamin* – natürlich immer noch innerhalb der Logik des Spiels – seinen Spöttern, dass er auch dieses Kriterium erfüllt und er folgerichtig als Autor anerkennt werden muss.

Die Sache mit der Autorschaft

Der lustvolle und verspielte, aber gleichzeitig auch anthropomorphisierende und ernsthafte Umgang mit *Benjamins* an und für sich inkohärentem, wenn auch poetisch angehauchtem Gebrabbel, der sich am Sci-Fi-London zeigte, ist nicht nur beispielhaft für die öffentliche Wahrnehmung der kreativen Maschine, sondern lässt sich auch bei der Produktion von *Sunspring* nachvollziehen. Denn auch ein inkohärenter und bizarrer Text ist interpretierbar und kann emotional erfahrbar gemacht werden. So lassen sich zum Beispiel, aller Zufälligkeit zum Trotz, erkennbare und bekannte Genrekonventionen in *Sunspring* ausmachen, wie etwa eine dramatische Dreiecksbeziehung zwischen den Hauptfiguren oder Teile eines Vokabulars, die eindeutig dem Werkzeugkasten des

---

60 Newitz 2016.
61 Boden 2014, 229.

Science-Fiction-Genres entnommen sind. Letzteres ist einfach erklärbar und hängt mit den Inputdaten (sprich: Drehbüchern) zusammen, mit denen *Benjamin* trainiert wurde.[62] Eine Dreiecksbeziehung hingegen, würde man denken, ist als Plotschablone deutlich komplexer als die blosse Wortwahl, da sie nicht auf einer rein formalen, sondern vor allem auf einer Bedeutungsebene stattfindet, die sich zudem nur schlecht durch einen einzigen Satz ausdrücken lässt, sondern ein gewisses Können im Bereich der Dramaturgie erfordert – ein schwierig zu meisterndes Terrain für künstliche Intelligenzen. Hier kommt die Kreativität der menschlichen Mitspieler:innen ins Spiel. An einer TedX-Veranstaltung in Boston schildert Regisseur Oscar Sharp den ersten Kontakt mit dem Drehbuch durch die Schauspieler:innen wie folgt:

> «The best part of the whole shoot was the read-through. Just giving these actors the screenplay for the first time. Like I said, they are ‹machines› for making meaning, and you give them this thing – I didn't tell them what the story was about – and […] as soon as they read it to each other – they had not read it on their own [before] – this love triangle emerged from nowhere, it just popped into being, and-… and everyone was laughing. It was a beautiful, beautiful day.»[63]

Auch hier schwingt eine spielerische Komponente mit. Was Sharp hier beschreibt, ist eine äusserst lustvolle («it was a beautiful, beautiful day»), spontane Entstehung einer Ordnung im Spiel, die ohne Anstrengung oder Planung vonstattengeht («this love triangle emerged from nowhere, it just popped into being»), wobei sich Ernst und Heiterkeit («everyone was laughing») die Waage halten. Wie Gadamer in seiner Besprechung des *Homo ludens* schreibt:

> «Das Spiel stellt offenbar eine Ordnung dar, in der sich das Hin und Her der Spielbewegung wie von selbst ergibt. Zum Spiel gehört, dass die Bewegung nicht nur ohne Zweck und Absicht, sondern auch ohne Anstrengung ist. Es geht wie von selbst. Die Leichtigkeit des Spiels, die natürlich kein wirkliches Fehlen von Anstrengung zu sein braucht, sondern phänomenologisch allein das Fehlen der Angestrengtheit meint, wird subjektiv als Entlastung erfahren. Das Ordnungsgefüge des Spieles lässt den Spieler gleichsam in sich aufgehen und nimmt ihm damit die Aufgabe der Initiative ab, die die eigentliche Anstrengung des Seins ausmacht.»[64]

Es scheint so, als würde das an blossen Nonsens grenzende Drehbuch *Benjamins* nicht etwa der Kreativität des Filmteams eine Hürde in den Weg legen, sondern gerade *durch* seine Tendenz zum Unsinnigen einen Spiel-Raum schaffen, in dem sich Kreativität gewissermassen selbst erzeugt und Hemmnisse (wie zum Bei-

---

62 Siehe das Kapitel *The Curious Code of Benjamin* in diesem Buch.
63 Oscar Sharp in TedX Talks 2017, 13:27 – 13:48.
64 Gadamer 1986, 110.

spiel eine Schreibblockade) zu verschwinden scheinen. Genau darin, also in der Hilfe, kreative Blockaden zu überwinden und aus bekannten Denkmustern auszubrechen, sieht übrigens auch Ross Goodwin einen möglichen Zweck seiner künstlichen Intelligenz, der über Experimentalfilme wie *Sunspring* weit hinausreicht.[65]

Sharp bezeichnet die Schauspieler:innen, die *Benjamins* Skript zu plötzlicher, neuer Bedeutung verhalfen, zudem als «machines for making meaning»; analog zur Maschine, die zum Menschen wird, macht er den Menschen damit zur Maschine. In seiner schönen Metapher steckt die mittlerweile etwas trivial gewordene, aber dennoch relevante Erkenntnis, dass kein Text – egal, ob von einer Maschine oder von einem Menschen geschrieben – für sich Bedeutung trägt, sondern diese erst in seiner Rezeption erlangt; oder wie Roland Barthes bereits 1967 formulierte, als er den Tod des Autors verkündete: «[T]he true locus of writing is reading.»[66]

Auch wenn mir der Autor im Falle von *Sunspring* alles andere als «tot» vorkommt (genau genommen ist er jedoch auch nicht lebendig), liegt es auf der Hand, dass es sich bei dem Film um ein Produkt kollektiver Kreativität (man könnte auch sagen: kollektiver Autorschaft) handelt, das sich in diesem Sinne durchaus gegen dieselbe Genievorstellung richtet, gegen die auch Barthes in seinem Essay anschreibt. Daran ändert auch nichts, dass mit genau solchen Genievorstellungen im Diskurs um *Sunspring* gespielt wird, wenn zum Beispiel Oscar Sharp Angst davor ausdrückt, *Benjamin* zu enttäuschen.[67] Denn wo immer *Benjamin* ist, scheinen wir uns im Spiel-Raum zu befinden, im Raum des So-tun-als-ob, des *pretending*.[68]

Sprechen wir also noch etwas genauer darüber, wie *Benjamins* Drehbuch konkret umgesetzt, inszeniert und rezipiert wurde.

---

65 Vgl. Ross Goodwin in TedX Talks 2017, 15:30–16:02.
66 Barthes 1967, ohne Seitenzahl.
67 Siehe das Kapitel *Auf Huizingas Spuren: Homo ludens, machina ludens* in diesem Buch, konkret das Zitat aus Newitz 2016: «[A]t one point Sharp even mourned how poorly he felt that he'd interpreted Benjamin's stage directions. It was as if he were talking about letting a person down when he apologized for only having 48 hours to figure out what it meant for one of the actors to stand in the stars and sit on the floor at the same time».
68 Ich verweise diesbezüglich auf die Simulationstheorie Jean Baudrillards oder auch Sherry Turkles frühes und einflussreiches Buch über «das Leben im Netz» die beide, wenn auch mit ganz unterschiedlichen Vorzeichen, Absichten und Argumentationen mit dieser Idee von «Virtualität» arbeiten. Vgl. Baudrillard 1994, Turkle 1998.

Eine andalusische Maschine. Vom Surrealismus zu *Sunspring*

Etwas vom Ersten, was einem beim Betrachten von *Sunspring* ins Auge fallen dürfte, ist die auffällige Kostümierung der Schauspieler:innen. Sowohl die Jacke, die Thomas Middleditch in seiner Rolle als H trägt, wie auch das Kleid von Elisabeth Gray als H2 glitzern golden und silbrig und wirken wie ein nostalgischer Verweis auf die B-Movie-Science-Fiction vergangener Jahrzehnte. Bei C, gespielt von Humphrey Ker, ist dieser Verweis auf eine Art Halskrause, ebenfalls in Gold gehalten, begrenzt, die über seinem schlichten, schwarzen Anzug wie ein Fremdkörper wirkt. Überhaupt ist *Sunspring* in einer eigentümlichen Camp- und Do-it-yourself-Ästhetik gehalten, was von den technischen Gerätschaften, mit denen H2 in der Anfangsszene hantiert und die eher aus dem Hobbykeller eines Elektronikfans als aus einer Sci-Fi-Zukunft zu stammen scheinen, unterstrichen wird. Die Schrotflinte, die H gemäss Drehbuch «von der Ecke des Raums schneidet», entpuppt sich im fertigen Film passend dazu als Spielzeugwaffe, die notdürftig mit schwarzem Klebeband an die Wand gepappt wurde, und auch die Spezialeffekte sind eher simpel gehalten und wenig überzeugend (im Sinne einer Authentizität beziehungsweise Glaubwürdigkeit), so dass sie beinahe surreal anmuten.

Wie als Kontrapunkt zum wohl so beabsichtigten, ironisierenden Dilettantismus der Kostümierung und der Szenografie tritt die schauspielerische Umsetzung des Dialogs und der Einsatz der Musik in Erscheinung. Die zufallsgenerierten Zeilen *Benjamins* werden in einer Ernsthaftigkeit, Intensität und Emotionalität rezitiert, die teils verblüffend ist. Besonders zu erwähnen ist hier der Schlussmonolog von H2 (Elisabeth Gray): Zeilen wie «He looks at me, and he throws me out of his eyes»[69] scheinen durch die zittrige Stimme, die jeden Moment zu brechen droht, und die einzelne, stumm die Wange herabrinnende Träne der Schauspielerin eine fast schon poetische Tiefe zu gewinnen, die den Satz auch für Menschen durchaus verständlich und emotional mühelos anknüpfbar macht: Wovon soll hier die Rede sein, wenn nicht von der schmerzhaften Erfahrung romantischer Zurückweisung?

Ebenfalls seinen Teil dazu tut die, auch wenn ich mich mit Wertungen zurückhalten will, in meinen Ohren sehr gelungene musikalische Umsetzung von *Benjamins* Songtext durch das Electropopduo Tiger and Man. Ihr Song *Home on the Land* setzt in gewisser Weise die Grundstimmung beziehungsweise die emotionale Valenz für den Schlussteil von *Sunspring*, der, wie bereits angedeutet, sehr dramatisch, emotional, aber auch surreal daherkommt. Der User

---

[69] Sunspring 2016, 7:35–7:43.

nicola-hermitage geht in einem Kommentar auf der Soundcloud-Seite von Tiger and Man sogar noch weiter: «The track made the film I think. It gave the whole thing a dream like quality. Good job!»⁷⁰ Ich bin versucht, ihm recht zu geben. In der Juxtaposition von dem an Nonsens grenzenden Skript, der ironisierenden Szenografie und Kostümierung sowie der Dramatik der schauspielerischen Umsetzung steckt allerdings, selbstverständlich, auch einiges an Komik. Trotzdem würde ich argumentieren, dass *Sunspring* genauso wenig als Comedyfilm bezeichnet werden sollte wie zum Beispiel *Un chien andalou*, der surrealistische Kurzfilmklassiker von Louis Buñuel und Salvador Dalí aus dem Jahr 1929.

Der Vergleich mit *Un chien andalou* ist sicher erklärungsbedürftig: Ich will damit weder sagen, dass ich *Sunspring* der Tradition des surrealistischen Films zuordnen würde noch ein Werturteil damit implizieren. Allerdings gibt es zwischen den beiden Filmen auf einer konzeptuellen Ebene eine gewisse Verwandtschaft, die zeigt, dass *Sunspring* beziehungsweise KI-geschriebene Filme nicht völlig neuartig sind, sondern durchaus analoge Vorläufer haben. Dafür ist *Un chien andalou* nur ein Beispiel von vielen; allerdings ein Beispiel, dass sich in meinen Augen sehr anbietet.

Wenn auch auf den ersten – und vielleicht auch zweiten – Blick grundverschieden, haben *Sunspring* und *Un chien andalou* gemeinsam, dass sie aus dem Zufall geboren wurden. Das ist insofern relevant, als Intentionalität teilweise als Voraussetzung für Kreativität angesehen wird, was vom Surrealismus jedoch genauso in Zweifel gezogen wird wie von künstlicher Kreativität.⁷¹ Wo in *Sunspring* das Zufallselement beim Schreiben tatsächlich automatisiert, sprich von einer künstlichen Intelligenz übernommen wurde, nutzten Buñuel und Dalí die analoge Methode der *écriture automatique*. Buñuel schildert die Entstehung von *Un chien andalou* in seiner Autobiografie wie folgt:

> «A few months later, I made *Un Chien andalou*, which came from an encounter between two dreams. When I arrived to spend a few days at Dali's house in Figueras, I told him about a dream I'd had in which a long, tapering cloud sliced the moon in half, like a razor blade slicing through an eye. Dali immediately told me that he'd seen a hand crawling with ants in a dream he'd had the previous night.
>
> ‹And what if we started right there and made a film?› he wondered aloud.
>
> Despite my hesitation, we soon found ourselves hard at work, and in less than a week we had a script. Our only rule was very simple: No idea or image that might lend itself to a rational explanation of any kind would be accepted. We had to open all

---

70 Tiger and Man 2016.
71 Vgl. Boden 2014, 233 f.

doors to the irrational and keep only those images that surprised us, without trying to explain why.»[72]

Wo bei *Sunspring* eine künstliche Intelligenz für die zufälligen Bilder sorgt, die den Ausgangspunkt für den Film darstellen, übernehmen bei *Un chien andalou* die Träume von Dalí und Buñuel[73] eine ganz ähnliche Aufgabe. Bei beiden Beispielen wird das generative Element auf einer konzeptuellen Ebene zumindest zu einem Teil ausgelagert: im Falle von *Sunspring* in den Computer, im Falle von *Un chien andalou* in das Unbewusste. Wie schon bei *Sunspring* zeigt sich auch in der Produktion von *Un chien andalou* eine auffällige Verspieltheit, die für den Surrealismus als programmatisch angesehen werden kann: «Buñuel and Dalí construct their accounts of the production of the script in terms of play, free association and the aleatory, according to a surrealist model, a reference explicitly and repeatedly acknowledged by Buñuel.»[74] Dahinter stand die Absicht, die Handlung hinter der Gewalt und Unmittelbarkeit der Bildsprache so weit wie möglich zurücktreten zu lassen, konventionelle Erzählmuster zu negieren und Kohärenz zu vermeiden,[75] sprich den Film genauso vieldeutig, überraschend und schwer lesbar zu halten wie die Träume, auf denen er fusst. Sie folgen dabei im Wesentlichen dem Plädoyer André Bretons, Surrealismus als «reine[n] psychische[n] Automatismus [...] ohne jede Kontrolle durch die Vernunft»[76] zu verstehen, bei dem «von Ihrer Genialität, von Ihren Talenten und deren aller anderen»[77] abgesehen werden soll, in einem Versuch, sich beim Schreiben in eine Art kindlichen Tabula-rasa-Zustand zu versetzen beziehungsweise der Logik des Traums zu folgen.[78]

Gerade die neuere Literatur weist jedoch zu Recht darauf hin, dass *Un chien andalou* trotzdem nicht komplett frei ist von vorexistierendem Wissen und bewussten Anspielungen; es sich also um keinen reinen Automatismus handelt. Elza Adamowicz etwa sieht im Werk der beiden Surrealisten auch eine stark intertextuelle Dimension im Sinne einer medialen Selbstreflexion oder Parodie:

---

72 Buñuel 1985, 103 f.
73 Hierzu ist zu sagen, dass laut Dalí beide Träume und das grundlegende Konzept von *Un chien andalou* als Ganzes von ihm (Dalí) stammten, was Buñuel in frühen Briefen an Dalí zu bestätigen scheint (vgl. Adamowicz 2010, 5–8). Für mich ist jedoch nicht relevant, wessen Träume es nun waren, sondern bloss, dass es eben Träume beziehungsweise Traumbilder waren, die als Ausgangspunkt für den Film verwendet wurden.
74 Adamowicz 2010, 9.
75 Vgl. Adamowicz 2010, 8.
76 Breton 1986, 26.
77 Ebd., 29.
78 Vgl. Conley 2006, 136; Breton 1986, 16–19, 37.

«The claim that the script was produced quite spontaneously is further called into question when we consider Buñuel and Dalí's extensive knowledge of the cinema, and their experience in film production (Buñuel) and painting (Dalí). Indeed the deliberate eschewing of rational discourse on the one hand, and the pastiche and playful quoting of 1920s' films on the other, suggest that the film was conceived in a dadaist spirit of pastiche and parody as much as a genuine surrealist engagement in the exploration of the unconscious.»[79]

Für mich ist diese Beobachtung insofern relevant, als auch *Sunspring* von Intertextualität und Selbstreferenzialität nur so strotzt; mehr noch, aufgrund der Umstände seiner Entstehung kaum etwas anderes sein kann als ein intertextuelles Flickwerk vergangener Science-Fiction-Filmkunst.

Erinnern wir uns nochmals an die technische Funktionsweise von *Benjamin*: Um das Skript zu *Sunspring* überhaupt schreiben zu können, wurde er mit Drehbüchern bekannter Science-Fiction-Filme und -Serien gefüttert, mit denen er trainiert wurde (Machine-Learning) und auf der Basis dieser Drehbücher – und zwar nur dieser Drehbücher – entwarf er schliesslich ein eigenes Drehbuch. Das heisst, dass *Benjamins* Output nichts anderes ist als der Versuch einer pasticheartigen Imitation seines Inputs: «Benjamin's writing sounds original, even kooky, but it's still based on what humans actually write. Sharp likes to call the results the ‹average version› of everything the AI looked at. Certain phrases kept coming up again and again.»[80]

Dabei handelt es sich um keinen Zufall. Die ursprüngliche Idee Sharps, übrigens kein Experte für künstliche Intelligenz, war sogar noch stärker in dieser dadaistischen Idee des Pastiches verankert: «Sharp wanted to create a film by splicing together random parts of other films, like Dadaist artists had done.»[81] Es war jedoch der KI-Künstler Ross Goodwin, der vorschlug, stattdessen ein *recurrent neural network* einzusetzen, um mit anderen Mitteln einen ähnlichen Effekt zu erzielen.[82] Die Begegnung der beiden erinnert insofern an Buñuel und Dalí, als auch hier die Konzeption des Films im Rahmen einer Kollaboration zweier aussergewöhnlich kreativer Menschen (und nicht etwa Maschinen) sehr unterschiedlicher Hintergründe, aber mit einer geteilten Vision zustande kam.

Das Pastiche, das dabei herauskam, *Sunspring*, beschreibt Sharp mit der Metapher des *funhouse* beziehungsweise *fairground mirror*, einer Art kultureller Zerrspiegel: «What [these machine systems] seem to be good at […] is looking at what humans have done and finding a way, with like a fairground mirror, to

---

79 Adamowicz 2010, 10.
80 Newitz 2016.
81 Miller 2019, 226.
82 Ebd.

reflect all of our past work to ourselves. [...] So, it shows me what's happened before and in a way that helps me to be original, because I can see the clichés and then break them.»[83]

Diese inhärente mediale Selbstreflexion beziehungsweise Selbstreferenzialität von Machine-Learning-basierten neuronalen Netzwerken wie *Benjamin* wird in *Sunspring* aber erst durch das menschliche Zutun explizit gemacht. Ja, alles was *Benjamin* schreibt, basiert letztlich nur auf den Drehbüchern, mit denen er trainiert wurde. Aber im fertigen Skript, in der verfälschten Reflexion des Zerrspiegels, ist das genauso wenig unmittelbar offensichtlich wie bei einem menschlichen Werk, das ebenfalls immer nur auf der Basis dessen, was zuvor kam, überhaupt denkbar ist («Wir stehen auf den Schultern von Riesen»). Der Unterschied liegt jedoch darin, dass bei *Sunspring* dieses zuvor Gekommene klar und eindeutig definiert beziehungsweise abgegrenzt werden kann: etwa 150 gemeinfreie Drehbücher verschiedenster Science-Fiction-Filme und -Serien, die grösstenteils aus den 1980er- und 90er-Jahren stammen.[84]

Denken wir nochmals zurück an meine Beschreibung der Inszenierung zu Beginn dieses Kapitels. Ich habe die Camp- und Do-it-yourself-Ästhetik des Films angesprochen, die sich, unter anderem, in den golden und silbrig glitzernden Kostümen der Schauspieler:innen äusserten und auf mich wie ein nostalgischer Verweis auf die B-Movie-Science-Fiction vergangener Jahrzehnte wirkt. Zu einem Teil mag das am vermutlich eher begrenzten Budget liegen, aber vor allem handelt es sich dabei um eine ganz bewusste, menschliche Entscheidung, für die *Benjamins* Skript per se keine Anhaltspunkte gibt. Wieso könnte also dieser Modus der Darstellung gewählt worden sein beziehungsweise zu welcher Interpretation gibt er Anstoss?

Nun, worauf hier verwiesen wird, ist am Ende nichts anderes als das Ausgangsmaterial, das genutzt wurde, um *Benjamin* zu trainieren: die filmische Science-Fiction des späten 20. Jahrhunderts. Was hier vorliegt, ist absolute Selbstreferenzialität: *Sunspring* parodiert auf der Ebene der Inszenierung den Hintergrund seiner eigenen Entstehung. Dass das mit einer gewissen Trash- oder Campästhetik einhergeht, kann zudem als augenzwinkernder Hinweis verstanden werden, dass dem Filmteam durchaus bewusst ist, dass die dahinterliegende Technologie noch nicht ganz ausgereift ist. Das Bild des Zerrspiegels passt in diesem Sinne durchaus gut; aber anders als es Sharps Zitat suggeriert, scheint *Benjamins* eigenes

---

83 Oscar Sharp in TedX Talks 2017, 17:16–17:43.
84 Miller 2019, 227; Newitz 2016. Eine Liste der Drehbücher ist ausserdem im Vorspann des Films zu sehen (Sunspring 2016, 0:18–0:32).

Schaffen genauso darin reflektiert zu werden wie die menschlichen Werke, die er sich dafür zu eigen gemacht hat.

Dass sich *Sunspring* ständig selbst kommentiert, wird an anderen Stellen noch deutlicher. Eine davon ist Ross Goodwins persönliche Lieblingsszene, über die er in einem Blogeintrag schreibt:

> «And here's the final description that resulted in the strange action sequence at the end of the film, containing the shot that's my personal favorite, wherein Middleditch's character breaks the fourth wall and pulls on the camera itself, followed by a change in camera angle that reveals that he is, in fact, holding nothing at all:
>
> ‹He is standing in the stars and sitting on the floor. He takes a seat on the counter and *pulls the camera over to his back*. He stares at it. He is on the phone. He cuts the shotgun from the edge of the room and puts it in his mouth. He sees a black hole in the floor leading to the man on the roof.›
>
> The machine dictated that Middleditch's character should pull the camera. However, the reveal that he's holding nothing was a brilliant human interpretation, informed by the production team's many years of combined experience and education in the art of filmmaking. That cycle of generation and interpretation is a fascinating dialogue that informs my current understanding of this machine's capacity to augment our creativity.»[85]

Um die angesprochene Szene besser nachvollziehen zu können, habe ich zwei damit korrespondierende Screenshots aus dem Film beigefügt (Abb. 2 und 3). Goodwin schreibt, dass die Maschine (*Benjamin*) diktiert habe, dass H die Kamera zu sich ziehen solle, und nennt erst den Szenenwechsel, in dem enthüllt wird, dass er tatsächlich an gar nichts zieht, eine «brillante menschliche Interpretation». Genau genommen fängt die menschliche Interpretation aber bereits vorher an, denn im Drehbuch *Benjamins* weist, abgesehen vom definitiven Artikel *the* anstelle des eher zu erwartenden unbestimmten Artikels *a*, nichts darauf hin, dass mit der Kamera die tatsächliche Filmkamera und nicht etwa eine Requisite gemeint sei.

Warum ist das relevant? Die Entscheidung, die Kamera aus *Benjamins* Regieanweisung als die extradiegetische Filmkamera zu verstehen – nicht als Requisite innerhalb des Films, sondern als die real existierende Kamera, die *Sunspring* tatsächlich filmt –, ist, im Sinne Genettes, ein Beispiel einer narrativen Metalepse.[86] Indem H die Filmkamera aktiv in sein Handeln mit einbezieht, weist er auf die Existenz einer Erzählung beziehungsweise einer Realität ausserhalb der eigentlichen Erzählung hin und durchbricht so, wie Goodwin formuliert, die

---

85 Goodwin 2016b.
86 Vgl. Genette 2010, 152–154.

Abb. 2: «Middleditch's character breaks the fourth wall and pulls on the camera itself […].»

Abb. 3: «[…] followed by a change in camera angle that reveals that he is, in fact, holding nothing at all.»

vierte Wand. Begleitet wird das Ergreifen der Filmkamera von einem direkten Blick in ebendiese Kamera (Abb. 2), die gleichzeitig der Perspektive des Filmpublikums entspricht, womit auch diese Differenz eingerissen wird.
Diese Bewegung birgt einen der eigentümlichsten Effekte der Metalepse in sich. Wie Genette es sehr trefflich formuliert: «Das Verwirrendste an der Metalepse liegt sicherlich in dieser inakzeptablen und doch so schwer abweisbaren Hypothese, wonach das Extradiegetische vielleicht immer schon diegetisch ist und der Erzähler und seine narrativen Adressaten, d. h. Sie und ich, vielleicht auch noch zu irgendeiner Erzählung gehören.»[87] Mehr noch als verwirrend ist der Effekt jedoch paradox. Um es noch pikanter zu formulieren, als Genette es tut: Gerade durch die scheinbare Zerstörung der fiktionalen Einheit und Abgegrenztheit der filmischen Illusion werden wir selbst Teil von ihr. Der Spiel-Raum öffnet sich, einer magischen Schwelle gleich, für einen kurzen Moment zum Kinosaal hin und lädt uns ein, uns von unseren Sesseln zu erheben und mit einzutreten.
Damit kommen wir jedoch zu einem weiteren Punkt: Der Blick in die Kamera verweist nämlich nicht nur auf die Existenz ebendieser Filmkamera, sondern auch auf den Gegenblick (beziehungsweise *counter-look*)[88] als klassisches, beinahe schon klischeebehaftetes narratives Instrument des Films. Wie Thomas Brown schreibt, ist die direkte Adressierung des Publikums (unter anderem durch den direkten Blick in die Kamera) bereits im frühen Kino ein «regular feature»[89] und wird bis heute eingesetzt, um so unterschiedliche Effekte wie Intimität, Agency, eine epistemische Vormachtstellung eines Charakters innerhalb der Erzählung, Ehrlichkeit, *instantiation*, Entfremdung oder auch Stille beziehungsweise Reglosigkeit (*stillness*) zu erzielen beziehungsweise darzustellen.[90]
Welcher oder welche dieser Effekte im vorliegenden Beispiel im Vordergrund steht oder stehen, ist schwer zu beantworten; umso mehr als die vierte Wand durch den Perspektivenwechsel, der offenbart, dass H eben nichts hält (vgl. Abb. 3), zumindest vordergründig sofort wieder hochgezogen wird und, beispielsweise, die zusätzliche Frage hinterlässt, auf welcher Seite der Wand sich das Publikum nun befindet. Diese Fragen sind sicherlich sehr spannend und stellen womöglich den Grund dar, warum Goodwin so angetan ist von der Szene. Für mich wichtig ist aber in erster Linie, dass auch hier Selbstreferenzialität auf mehreren Ebenen stattfindet beziehungsweise inszeniert wird: Im Dialog zwischen Maschine und Mensch, in diesem «cycle of generation and interpreta-

---

87 Genette 2010, 153.
88 Vgl. Brown 2012.
89 Ebd., 1.
90 Ebd., 13–17.

tion», wie Goodwin es nennt,[91] verwandelt sich eine scheinbar unsinnige Regieanweisung zu einem Diskurs, in dem die Medialität und die Technologie des Films genauso thematisiert werden wie seine narrativen Strategien und es öffnen sich mannigfaltige Deutungsmöglichkeiten, extradiegetisch wie intradiegetisch (sofern diese Unterscheidung denn aufrechtzuerhalten ist). Und es ist derselbe selbstreferenzielle Deutungsrahmen, der dafür sorgt, dass das Publikum unweigerlich zu lachen beginnt, wenn inmitten eines wirren Dialogs der Satz «I don't know what you're talking about» fällt, der nicht nur die Gedanken der Zuschauer:innen perfekt wiedergeben dürfte, sondern auch mit der Illusion der bewusstseinsgesteuerten Maschine spielt, die beim Schreiben des Drehbuchs plötzlich selbst zu hinterfragen scheint, was sie da für einen Unsinn zusammendichtet.

Zusammenfassung oder die Frage nach der Kreativität: Was ist *Benjamin*?

Was das Nachdenken über *Sunspring* aufzeigt, ist, dass es bemerkenswert schwierig ist, ein primäres kreatives Element zu definieren beziehungsweise örtlich zu fixieren. Liegt es bei Ross Goodwin, dem «writer of the writer», der *Benjamin* programmierte? Liegt es bei Oscar Sharp, unter dessen Anleitung das bizarre Skript auf die Leinwand transportiert wurde? Liegt es bei den Schauspieler:innen, die mit ihrer Interpretation der Dialoge und Regieanweisungen eine Unmittelbarkeit von Emotion und Bedeutung erzeugen, die den Film erst anschlussfähig macht? Liegt es bei den Szenograf:innen und Kameraleuten, die das Gezeigte in Szene setzen und dem Publikum so handfeste Leitplanken geben? Liegt es bei den Rezipient:innen, die den Film auf ihre Art und Weise interpretieren? Oder liegt es doch bei *Benjamin*, der zwar kein Mensch, aber mit dem grundlegenden Konzept des Films verwoben ist und das Drehbuch schrieb, an dem sich schlussendlich alle weiteren Beteiligten orientierten?
Die Antwort ist so simpel wie komplex: Die Kreativität – die Autorschaft – liegt zwischen all diesen Akteuren. Das ist für sich nichts Ungewöhnliches, wenn man bedenkt, dass gerade im Film (aber auch in der sogenannten Kreativindustrie ganz allgemein) die kreative Kollaboration eher die Regel denn die Ausnahme darstellt und sich zum Beispiel in TV-Serien oft sowohl die Regisseur:innen wie auch die Drehbuchautor:innen und weiteres Produktionspersonal regelmässig abwechseln.[92] Natürlich bleiben dabei alle Beteiligten trotzdem auf ihre eigene,

---

91 Goodwin 2016b.
92 Vgl. Mielke 2006, 556 f.

persönliche Art und Weise kreativ; dazu gehört übrigens auch *Benjamin*, nach gewissen Definitionen dieses Begriffs. Aber Kreativität als Begriff scheint hier das Netzwerk zu beschreiben oder, um abermals auf Huizinga zurückzugreifen: den Spiel-Raum, in dem sich *Sunspring* bewegt; Autorschaft zeigt sich in *Sunspring* als autopoietisches System.

Das Autorkonzept, das man hier anwenden könnte, ist das des Schreibers, um Florian Hartlings Typologie beziehungsweise Roland Barthes zu folgen: «Der Autor bildet nicht mehr die singuläre Instanz von Textbedeutung, er weicht dem Text selbst und seinem Schreiber, der durchaus nicht auf ein einzelnes Individuum beschränkt sein muss.»[93] In diesem Sinne ist der Autor beziehungsweise das Autorgenie im Falle *Sunsprings* tatsächlich tot. Irrelevant wird er dadurch jedoch keineswegs. Denn die Fiktion des klassischen Autorgenies wird im Falle *Benjamins* trotzdem weiter gepflegt und sei es nur in Form eines Spiels oder eines So-tun-als-ob. Das zeigt nicht zuletzt die Anekdote um seine Namensgebung[94] und der Umgang Sharps mit der künstlichen Intelligenz, als er mit grosser Gewissenhaftigkeit nach der Autorintention suchte oder zumindest zu suchen vorgab.[95]

Es wäre naiv, zu denken, dass dieses Spiel folgenlos bliebe, und seinen heiligen Ernst zu ignorieren. Im Spiel mit der Fiktion wird die Fiktion immer auch ein Stück weit Realität;[96] der Metadiskurs um *Benjamin* beeinflusst zweifelsohne die Rezeption von *Sunspring*, wie die Presseberichte um den Film nur allzu deutlich zeigen. Besonders Goodwin scheint heute jedoch nicht nur glücklich darüber, zu der Anthropomorphisierung von *Benjamin* beigetragen zu haben. In einem neueren Interview mit *The Talking Machines* äussert er sich dazu wie folgt:

> «The complicated thing in the years after *Sunspring* for us has been kind of a wrestling with the fact that we named it *Benjamin*. Because as time has gone on and as we've talked more about AI, I personally don't think robots should have human names. I really don't think it's a good idea. I think that when we do that, we're sort of lying to the public about the sophistication of the machine and how it works and telling a story that over-simplifies everything, and kind of forces people to personify these machines, to view them through a very anthropocentric lens. And it's just problematic, because it cheapens real human interaction and it makes us treat each other worse *[lacht]*, I think.»[97]

---

93 Hartling 2012, 79.
94 Siehe das Kapitel *Exkurs: «My name is Benjamin»* in diesem Buch.
95 Siehe das Kapitel *Auf Huizingas Spuren: Homo ludens, machina ludens* in diesem Buch.
96 Vgl. Huizinga 1980, 25.
97 Ross Goodwin in Talking Machines 2020, 45:04–45:52; ich habe Goodwins mündliche Aussagen zwecks einfacherer Lesbarkeit leicht editiert (Füllwörter, Wortwiederholungen).

Ich glaube, dass Goodwin zu hart mit sich selbst ins Gericht geht. Dass der Eigenname dazu anregt oder beiträgt, *Benjamin* zu personifizieren beziehungsweise durch eine anthropozentrische Brille zu sehen, ist, wie ich schon anmerkte, unbestritten. Aber darin liegt nicht nur eine Gefahr, sondern vor allem sehr viel kreatives Potenzial. Der Dialog zwischen Maschine und Mensch, der in *Sunspring* stattfindet, funktioniert eben nur innerhalb dieses Spiels des So-tun-als-ob. Erst durch die anthropozentrische Brille werden die kryptischen Dialoge und widersprüchlichen Anweisungen *Benjamins* zu genuinen und intentionsgeleiteten Versuchen einer Kommunikation und als solche, zumindest bis zu einem gewissen Grad, logisch interpretierbar, emotional erfahrbar oder eben kreativ. Zudem passt das Bild der autonomen Maschine, was schon per se ein Science-Fiction-Klischee darstellt, auch inhaltlich zur ironischen Selbstreferenzialität des Films, der als Pastiche älterer Science-Fiction-Filme gesehen werden kann, beziehungsweise trägt zu dieser Lesart bei.[98] Die extradiegetische Ebene wird so gewissermassen Teil der intradiegetischen und lässt die Erzählung über die Leinwand hinauswachsen.

Damit ist die Frage aber immer noch ungeklärt, was *Benjamin* denn «wirklich» oder sonst noch ist. Goodwin selbst machte schon früh klar, dass er künstliche Intelligenzen eher als Werkzeuge sieht: «When we teach computers to write, the computers don't replace us any more than pianos replace pianists – in a certain way, they become our pens, and we become more than writers. We become writers of writers.»[99] Mit anderen Worten: Digitale Kreativität ersetzt die menschliche Kreativität nicht, sondern erweitert sie. Vielleicht verändert sie die menschliche Kreativität aber auch ein Stück weit. In einem gewissen Sinne ist *Benjamin* tatsächlich ein Werkzeug: Ähnlich wie in der TV-Serien-Produktion vom Autorenteam oft vorausgeplant wird, wie eine Staffel, Episode oder einzelne Momente innerhalb der Episoden (*beats*) in Bezug auf ihre Charaktere, die Plotentwicklung und die signifikanten Szenen aussehen sollen, um einen möglichst reibungslosen Ablauf zu garantieren und Arbeit zu delegieren,[100] übernimmt *Benjamin* in ähnlicher Weise die Arbeit des eigentlichen Drehbuchschreibens. Eine Arbeit übrigens, die in der unter strengem Druck von Zeit, Geld und Erfolg geplagten Filmindustrie überraschend unliebsam zu sein scheint: «In literary culture, the writer is a traditionally respected figure, and one that fits an auteurist model of individual creativity, but in Hollywood this is much less so. Screenwriting, according to William Goldman, ‹is shitwork›.»[101]

98 Siehe das Kapitel *Eine andalusische Maschine. Vom Surrealismus zu Sunspring* in diesem Buch.
99 Goodwin 2016a.
100 Vgl. Newman 2006, Messenger Davies 2007.
101 Messenger Davies 2007, 177.

Gegen dieses eher ökonomische Argument lassen sich aber mindestens drei Einwände anbringen:
Erstens hat auch ein einfaches Werkzeug die Macht, den kreativen Prozess inhaltlich zu beeinflussen. Jede/r, der/die mehr als ein Musikinstrument spielt, weiss, dass einem beim Improvisieren auf dem Klavier ganz andere Ideen zufliegen als beim Improvisieren auf einer Gitarre oder einer Trompete. Das berühmte Diktum Nietzsches, das bei Kittler wieder aufgegriffen wird, ist auch hier anwendbar: «Unser Schreibzeug arbeitet mit an unseren Gedanken.»[102]
Zweitens kann infrage gestellt werden, bis zu welchem Grad *Benjamin* überhaupt als Werkzeug bezeichnet werden kann. Klar, eine künstliche Intelligenz ist stets programmiert und folgt keinem eigenen Antrieb im engeren Sinne. Aber wenn wir an traditionellere Schreibwerkzeuge denken, ist die Kontrolle des Menschen dennoch ungleich grösser: Wer an einer Schreibmaschine sitzt und die Taste mit dem Zeichen *s* nach unten drückt, wird – im Normalfall – nicht nur wissen, dass das Zeichen *s* anschliessend auf dem Papier erscheinen wird, sondern auch wo und wann es auf dem Blatt erscheinen wird. Bei einer künstlichen Intelligenz wie *Benjamin* gibt es diese Voraussicht nicht. Gleichzeitig funktioniert *Benjamin* aber auch nicht nach einem reinen Zufallsprinzip, sondern kreiert orthografisch und grammatikalisch weitgehend korrekte Sätze, die sich zwar nicht zu einem kohärenten Ganzen verbinden, aber auf einer kleineren Ebene teilweise durchaus ästhetisch gefällige Bilder zeichnen, die auch für Menschen intelligibel sind beziehungsweise gemacht werden können.
Der dritte Einwand liegt in der Art und Weise, wie *Benjamin* im konkreten Fall genutzt wurde: eben nicht als Hilfsmittel zur Erleichterung banaler Arbeiten oder zum Lösen kreativer Blockaden, sondern als spielerische Simulation eines brillanten Drehbuchautors. *Sunspring* ist ein Experiment. Durch die Orientierung an einer anthropomorphischen Fiktion der Maschine als Genie wird eben auch mit dem produzierten Text ganz anders umgegangen: *Benjamins* Drehbuch wurde von Oscar Sharp so wenig wie nur möglich kuratiert, nicht infrage gestellt, kurz: als absolut und unabänderbar angenommen. Es ist gerade dieser machtvollen Autorisierung eines an und für sich wirren Skripts zu verdanken, dass ein Film Realität wurde, der sonst nie produziert worden wäre. Über den künstlerischen Wert kann man sich dabei streiten, doch was ausser Frage steht, ist die Originalität von *Sunspring*.
Übrigens: Ich habe die Frage noch nicht beantwortet, ob *Sunspring* denn die 48-Stunden-Challenge von Sci-Fi-London gewonnen hat. Die Antwort darauf lautet: Nein. Er musste sich mit einem Platz in den Top 10 zufriedengeben,

---

102 Nietzsche 1882; Kittler 1995, 247.

wobei das Jurymitglied Pat Cadigan dem Team um Sharp, Goodwin und *Benjamin* zu verstehen gab: «I'll give them top marks if they promise never to do this again.»[103]

Benjamin liess sich davon jedoch nicht entmutigen. Seit *Sunspring* blieb er nicht untätig und wirkte an zwei weiteren Kurzfilmen mit: zum einen an *It's No Game* (mit David Hasselhoff alias HoffBot in der Hauptrolle), den er in Zusammenarbeit mit Oscar Sharp schrieb, zum anderen an *Zone Out*, bei dem er nicht nur erneut die alleinige Kontrolle über das Drehbuch übernahm, sondern erstmals auch Regie führte.[104] Ein weiterer Film, der offenbar den Namen *Bobo and Girlfriend* tragen soll, stand laut einer Aussage von Oscar Sharp im März 2020 kurz vor der Veröffentlichung,[105] die bis heute jedoch nicht realisiert wurde.

---

103 Newitz 2016.
104 Therefore Films 2020.
105 Oscar Sharp in Talking Machines 2020, 40:49–40:55.

Die Neuerfindung des Textadventures in *AI Dungeon*

> «SOMEWHERE NEARBY IS COLOSSAL CAVE,
> WHERE OTHERS HAVE FOUND FORTUNES IN TREASURE AND GOLD,
> THOUGH IT IS RUMORED THAT SOME WHO ENTER ARE NEVER SEEN AGAIN.
> MAGIC IS SAID TO WORK IN THE CAVE.
> I WILL BE YOUR EYES AND HANDS.»
>
> *Adventure (1977), Will Crowther und Don Woods*

Die Video- und Computerspielindustrie ist mit einem geschätzten globalen Umsatz von über 170 Milliarden USD[106] die wirtschaftlich bedeutendste Unterhaltungsindustrie überhaupt und hat selbst die Filmindustrie hinter sich gelassen.[107] Während hinter modernen Videospielblockbustern jedoch hochprofessionelle Teams von teilweise über tausend beteiligten Personen stehen, die, mit einem Budget im dreistelligen Millionenbereich ausgestattet, cineastische Erlebnisfeuerwerke in aufwendiger 3D-Grafik zünden, war die Jugendzeit der Spielindustrie ungleich bescheidener.

Einige der frühesten, aber auch einflussreichsten Computerspiele waren die in den 1970er-Jahren aufgekommenen sogenannten Textadventures, die heute eher als Interactive Fiction (IF) bezeichnet werden. Darunter versteht man rein textbasierte Spiele ohne grafische Oberfläche, in denen die Spielenden, von einer narrativen Instanz geleitet, eine fiktive Welt erkunden, um dort Rätsel zu lösen, Objekte zu finden, zu manipulieren oder miteinander zu kombinieren, mit anderen Charakteren zu interagieren und – vergleichbar mit *choose your own adventure*-Büchern – Entscheidungen zu treffen, die den weiteren Verlauf der Geschichte beeinflussen.

Die Erfinder:innen dieser Spiele waren meist Einzelpersonen, für die zumindest anfangs die Videospielentwicklung ein Hobby und kein Beruf war, was sich mit dem kommerziellen Durchbruch in den Achtzigerjahren jedoch bald ändern würde. Viele von ihnen waren zudem grosse Fans von J. R. R. Tol-

---

106 Wijman 2021.
107 Witkowski 2020.

kien, dessen Werk in den Sechziger- und Siebzigerjahren einen Boom erlebte, wie auch von Pen-and-Paper-Rollenspielen. Hier ist insbesondere das 1974 von Gary Gygax erdachte Fantasyspiel *Dungeons & Dragons* (D&D) zu nennen, das durchaus in Zusammenhang mit dem damaligen Tolkien-Boom gestellt werden kann und sollte.

Wie der Historiker Alexander Smith aufzeigt, waren diese beiden Einflüsse – Tolkien und D&D – prägend für die Funktionsweise und Ästhetik früher Textadventures.[108] Die narrative Instanz, die die Spielenden durch die fiktive Welt eines Textadventures führt, übernimmt zum Beispiel eine ähnliche Aufgabe wie der sogenannte Dungeon Master in *Dungeons & Dragons*, der die Teilnehmenden einer Rollenspielgruppe mit Informationen über die Welt versorgt, über zulässige und unzulässige Aktionen entscheidet und das Spiel so leitet. Auch sprachlich ist der Einfluss von D&D spürbar: so wird das Geschehen in einem Textadventure fast durchgehend in der zweiten Person, in der Du-Form, erzählt, was in den meisten literarischen Gattungen sehr selten ist, aber perfekt der Erzählsituation in einem Pen-and-Paper-Rollenspiel entspricht. Zusammen mit der Nutzung des Präsens anstelle der Vergangenheitsform fördert die Du-Form zudem die Identifikation zwischen Spieler und Charakter und lässt so einen hohen Grad an Immersion entstehen: «[...] they create the illusion of being present in a storyworld that is constructed by the reader in creative collaboration with the programmed text.»[109]

Die wechselseitige Dynamik zwischen Spielleitern und Mitspieleler:innen und die Möglichkeit der gegenseitigen Einflussnahme ist eines der wichtigsten Elemente eines analogen Rollenspiels und setzt eine gewisse Offenheit des Narrativs voraus. Auch wenn einer D&D-Kampagne im Normalfall eine grobe, vorgefertigte Story und bestimmte Handlungsschauplätze zugrunde liegen, wird ein guter Dungeon Master die Aktionen der Mitspielenden in seine Erzählung der Spielwelt aufnehmen und diese bei Bedarf anpassen: «The Dungeon Master is as much a player the rest of the group, and the players always have the ability to defy the Dungeon Master's narrative and rewrite the story.»[110] Die Erzählsituation in D&D ist also kollektiv und dialogisch.

Wie zum Beispiel Sónia Rafael argumentiert, lassen auch digitale Textadventures (beziehungsweise *interactive fiction*) diese «creation of dialogic spaces, where the interactor becomes the co-author of the narrative»,[111] zu, doch sind die Möglichkeiten zur Interaktion sehr viel beschränkter. Die Anzahl von Lösungswegen,

---

108 Vgl. Smith 2020, 383–394.
109 Bell, Ensslin 2011, 312.
110 Salter 2014, 12.
111 Rafael 2018, 573.

um in einer Geschichte voranzuschreiten, bleibt in einem Textadventure schlussendlich immer begrenzt, da diese mühsam einprogrammiert werden müssen; und manchmal scheitert eine Interaktion nur schon daran, dass das Programm ein bestimmtes Wort nicht erkennt. Selbst fünfzig Jahre später ist dieses Problem immer noch aktuell, worauf unter anderen Anastasia Salter hinweist: «The reality of most games even today is that the active participation in this dialogue is limited: the player acts and the game responds in one of the ways that the game designer has programmed it to in anticipation of possible player actions.»[112]

Was aber, wenn ein enorm leistungsstarkes neuronales Netzwerk wie OpenAIs GPT-3 die Rolle des Dungeon Masters übernimmt, das mit seinem riesigen Wortschatz in der Lage ist, nicht nur jeden erdenklichen Input zu verstehen, sondern auch selbst endlos neuen Text zu generieren?

Genau dieses Experiment findet im 2019 erschienenen und seither mehrfach aktualisierten Textadventure *AI Dungeon* vom Entwicklungsstudio Latitude statt.

Über die allmähliche Verfertigung der Gedanken beim Schreiben

Das grundlegende Spielprinzip von *AI Dungeon* ist schnell erklärt: Die Spieler:innen wählen eine aus mehreren (scheinbar) vorgefertigten Welten aus, erstellen einen Charakter und erzählen zusammen mit der künstlichen Intelligenz eine Geschichte. Begonnen wird eine Geschichte jeweils vom Computer, wobei dessen Text als Ausgangspunkt für die Inputs der Spieler:innen und den weiteren Verlauf der Geschichte dient. Um die Funktionsweise von *AI Dungeon* zu verdeutlichen, greife ich auf einige Screenshots aus einer eigenen *AI Dungeon*-Geschichte zurück.

Neben diesen verschiedenen Möglichkeiten, auf den Text direkt Einfluss zu nehmen, gibt es noch zwei weitere Mechaniken, die für das Spielerlebnis relevant sind: World Events und Quests. Hin und wieder generiert das Programm einen zufälligen World Event, der über aktuelle Geschehnisse in der Spielwelt hinweist. Ein solcher World Event in meinem eigenen Abenteuer lautete etwa: «There is a growing movement of gnome and human supporters who want to have equal rights for both races. The movement has inspired poems, songs, and protests against the restrictions against humans in the kingdom of Yalann.» World Events sind nicht Teil der eigentlichen Geschichte, beeinflussen den Text, den die KI generiert, aber auf indirekte Art und Weise.

112 Salter 2014, 34.

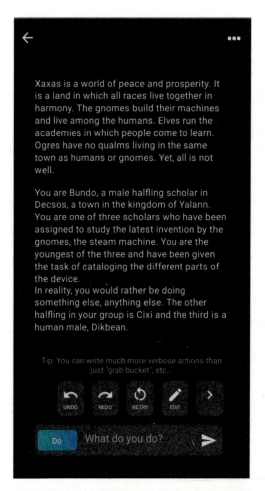

Abb. 4: Ein typischer Start einer Geschichte in *AI Dungeon*. Der gesamte Text, der im Screenshot zu sehen ist, ist computergeneriert. Während der erste Abschnitt, einschliesslich des ersten Satzes des zweiten Abschnitts, fest vorgegeben zu sein scheint, variiert der darauffolgende Text von Spiel zu Spiel. Ob es sich dabei bereits um einen zufallsgenerierten Output handelt oder um einen aus mehreren möglichen Bausteinen zusammengesetzten Text, konnte ich leider nicht in Erfahrung bringen. Am unteren Rand des Screenshots befindet sich die Eingabe für die Spieler:innen, in der sie ihren eigenen Text eingeben können. Dafür gibt es drei verschiedene Modi: Do, Say und Story. Daneben existieren verschiedene weitere Möglichkeiten, auf den Text Einfluss zu nehmen. Zum Beispiel können einzelne Inputs oder Outputs rückgängig gemacht (undo) oder der Text kann direkt und selektiv bearbeitet werden (edit). Falls ein:e Spieler:in mit einem Output der künstlichen Intelligenz nicht zufrieden sein sollte, kann ausserdem ein neuer Output generiert werden, der den alten ersetzt (retry).

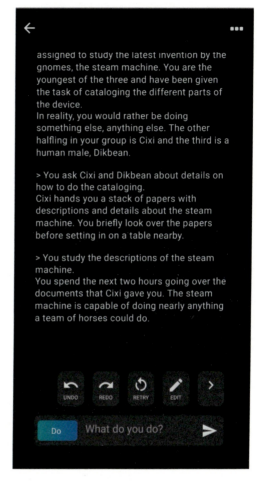

Abb. 5: Bei den Zeilen, die mit dem Symbol > eingeleitet werden, handelt es sich um Inputs der Spielerin beziehungsweise des Spielers. Hier gab ich mittels des Do-Modus die Sätze «Ask Cixi and Dikbean about details on how to do the cataloging» beziehungsweise «Study the descriptions of the steam machine» ein, was von der App automatisch, im Stil der Textadventures der Siebziger- und Achtzigerjahre, mit einem vorangehenden «You» ergänzt wird. Die Abschnitte, die auf diese Sätze folgen, sind vom Computer zufallsgeneriert. Der Do-Modus ist in erster Linie für Aktionen und Handlungen des Protagonisten vorgesehen.

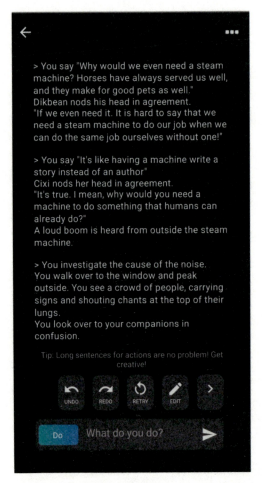

Abb. 6: Wird der Say-Modus verwendet, wird im Normalfall ein Dialog mit einem oder mehreren anderen Charakteren eingeleitet. Die Sätze, die ich in diesem Fall eingegeben habe, waren «Why would we even need a steam machine? Horses have always served us well, and they make for good pets as well» sowie «It's like having a machine write a story instead of an author». Im Say-Modus werden die Sätze zudem nicht durch «You» ergänzt, sondern mit «You say» eingeleitet, wobei der nachfolgende Text automatisch in Anführungszeichen gesetzt wird, um direkte Rede zu markieren. Der letzte Input, «Investigate the cause of the noise», erfolgte wieder im Do-Modus. Jeglicher weitere Text wurde auch hier wieder zufallsgeneriert – einschliesslich des Satzes «why would you need a machine to do something that humans can already do?», der natürlich hervorragend zum Thema dieses Buches passt.

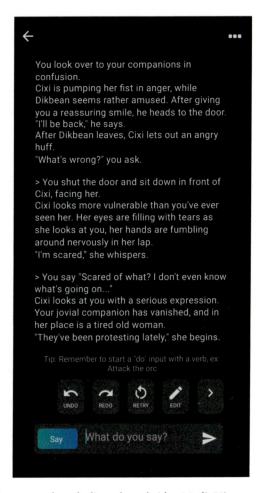

Abb. 7: Der Story-Modus verhält sich etwas anders als die anderen beiden Modi. Hier wird der menschliche Input nicht mit > visuell hervorgehoben, sondern direkt in den narrativen Teil des computergenerierten Texts eingefügt. Mein Input lautete in diesem Fall: «Cixi is pumping her fist in anger, while Dikbean seems rather amused» (dritte Zeile von oben). So kann direkt in die Rahmenhandlung eingegriffen werden, was sonst in der Hand des Computers liegt, oder anders ausgedrückt: Der Story-Modus eignet sich insbesondere dafür, die KI in eine Richtung zu lenken, die von den Spieler:innen erwünscht ist. Hier interpretierte die KI korrekt die von mir beabsichtigten unterschiedlichen emotionalen Reaktionen der Charaktere Cixi und Dikbean auf die jüngsten Geschehnisse.

Quests wiederum beauftragen die Spielenden mit einer konkreten Aufgabe, die sie lösen sollen. In meinem Abenteuer erhielt ich beispielsweise die folgende Quest: «Become an expert on the steam machine.» Quests und World Events entstammen der Werkzeugkiste von Rollenspielen und der Fantasyliteratur, bieten dabei aber auch einen ganz konkreten Nutzen für die Spieler:innen. Da die Geschichte in *AI Dungeon* niemals vorgezeichnet ist und die Freiheit der Wahlmöglichkeiten, wie diese weitergehen soll, auch überwältigend wirken kann, helfen sie den Spieler:innen, zu entscheiden, was sie als Nächstes tun könnten. Jedoch besteht kein Zwang, auf diese Vorschläge tatsächlich einzugehen; und natürlich lassen sich auch Geschichten erzählen, die mit dem Fantasygenre nichts zu tun haben.

Vergleicht man die in *AI Dungeon* entstandenen Geschichten mit dem Plot von *Sunspring*, der von einer ähnlich funktionierenden KI geschrieben wurde, fällt schnell auf, dass der zufallsgenerierte Text in *AI Dungeon* deutlich kohärenter, sinnhafter und natürlicher (sprich: menschenähnlicher) ist. Der Grund liegt darin, dass *AI Dungeon* für die Textgenerierung eine modifizierte Version des GPT-3-Modells (Generative Pre-trained Transformer 3) von OpenAI nutzt, was das gegenwärtig leistungsstärkste Sprachverarbeitungsmodell überhaupt ist. Der Unterschied liegt nicht zuletzt in der Menge von Daten, mittels derer die KI trainiert wurde. Wo Ross Goodwin die Drehbücher von etwa 150 Sci-Fi-Filmen und -Serien nutzte, um seinen digitalen Drehbuchautor *Benjamin* zu trainieren, greift die leistungsstärkste Version von GPT-3 auf einen Korpus von 45 Terabyte komprimiertem Plaintext zurück (und immerhin noch 570 Gigabyte nach dem Herausfiltern nicht benötigter beziehungsweise erwünschter Daten), bestehend aus etwa einer Billion Wörtern,[113] und nutzt für das Training des Modells 175 Milliarden Parameter.[114] Wer sich jemals fragte, was man sich unter dem Buzzword Big Data vorstellen darf, findet hier eine mögliche Antwort. Dass sich Ross Goodwin und Oscar Sharp bei *Sunspring* auf ein kleineres, selbstentwickeltes Sprachmodell verließen, dürfte aber nicht in erster Linie aus Gründen der Verfügbarkeit geschehen sein, sondern ist auch als stilistische beziehungsweise künstlerische Entscheidung zu verstehen.

Selbstverständlich ist aber auch die KI hinter *AI Dungeon* nicht perfekt, zumal es sich dabei nicht um die stärkste Version von GPT-3 handelt.[115] Der Text ist manchmal widersprüchlich, teilweise werden nicht alle Inputs der Spielenden korrekt verstanden, und hin und wieder scheinen Charaktere aus dem

---

113 Brown, Mann, Ryder et al. 2020, 8.
114 Ebd., 5.
115 Für eine monatliche Gebühr kann eine etwas leistungsstärkere Version freigeschaltet werden, das sogenannte Dragon-Modell.

Nichts aufzutauchen. Ein weiteres Problem besteht aus Redundanzen und übermässigen Wortwiederholungen, was auch in den Screenshots aus meinem Abenteuer ersichtlich ist (vgl. Abb. 6: sowohl der Charakter Cixi wie auch Dikbean nicken zustimmend mit ihrem Kopf, und auch sonst ähneln sich ihre Antworten, zumindest in diesem Fall, relativ stark).

Zudem stellt sich auch spielerisch ein ganz neues Problem: Wo bei traditioneller Interactive Fiction ein vorgegebener Pfad (oder manchmal mehrere) existiert, um ein Spiel abzuschliessen,[116] ist ein Abenteuer in *AI Dungeon*, sowohl was seine Länge wie auch was die Handlungsmöglichkeiten des Protagonisten angeht, prinzipiell endlos und stellt damit eine neuartige «gameplay experience» dar, «that would not have been possible withouth NNs [Neural Networks]».[117] Mit dem Delegieren der Textgenerierung an den Computer verkleinert sich der Verantwortungsbereich der Spielenden also nicht etwa, er vergrössert sich. Wo in traditionellen Textadventures die Herausforderung vor allem darin besteht, aus den sehr beschränkten Interaktionsmöglichkeiten jene zu wählen, die die Geschichte im Sinne der Entwickler:innen beziehungsweise des Codes vorantreiben, sind die Spieler:innen in *AI Dungeon* dafür verantwortlich, die Geschichte überhaupt erst zu schreiben, indem sie die KI versuchen in eine Richtung zu lenken, die sie für ihr Abenteuer als wünschenswert erachten. So gesehen übernehmen die Spieler:innen in *AI Dungeon* eher die Rolle des Programmierers oder der Autorin als des Spielers eines klassischen Textadventures, oder anders ausgedrückt: Die Grenzen zwischen Autorin, Leser und Spielerin, die bereits in traditioneller Interactive Fiction aufgeweicht werden,[118] konvergieren in *AI Dungeon* umso mehr.

Daraus resultiert eine Erzählsituation, die in vielerlei Hinsicht dem Ideal des Pen-and-Paper-Rollenspiels näherkommt als die Textadventures der Siebziger- und Achtzigerjahre, obwohl gerade sie einen grossen Teil ihrer Inspiration aus Rollenspielen wie *Dungeons & Dragons* zogen beziehungsweise gar als Versuch gelten, dieses analoge Vorbild in ein digitales Medium zu überführen. E. L. Meszaros schliesst sich dieser Einschätzung in einem Artikel im Onlinemagazin CBR an: Was AI Dungeon von anderen Adventures abhebe, sei weniger der Text an sich, als wie dieser produziert werde. «Without limitations on content and choices», so Meszaros, «AI Dungeon can feel even more like a real-life game of Dungeons & Dragons with the computer responding in real-time to a player's choices.»[119]

116 Vgl. Montfort 2005, 31 f.
117 Zhu, Villareale, Javvaji et al. 2021, 7.
118 Vgl. Salter 2014, 4.
119 Meszaros 2020.

AI Dungeon mag oberflächlich wie eine Hommage an die frühen Vertreter der Interactive Fiction daherkommen; tatsächlich versucht es diese Vorbilder jedoch nicht zu imitieren, sondern stellt – in einem Akt medialer Selbstreflexion – eine Neuinterpretation der Idee dar, die erst zur Geburt des Genres führte.

Von Zwergen, Höhlen und Computern.
Eine kurze Geschichte des Textadventures

Um zu verstehen, wie *AI Dungeons* Reimagination eines gut fünfzig Jahre alten Spielprinzips zu deuten ist, lohnt es sich, etwas genauer auf die Funktionsweise früher Textadventures und deren Entstehungshintergrund einzugehen. Denn erst in der Gegenüberstellung mit diesen historischen Vorbildern, die das kulturelle Gedächtnis von Computerspielfans entscheidend mitgeprägt haben, wird klar, worin die Transformationsleistung des künstlich intelligenten Dungeon Masters in *AI Dungeon* genau besteht und warum diese eine regelrechte Revolution des Genres darstellt. Dafür möchten wir nun zurück in die 1970er-Jahre reisen.
Als Ursprung der Interactive Fiction gilt das von Will Crowther und Don Woods entwickelte *Adventure*. Dass im Falle der Interactive Fiction überhaupt ein solcher Urtext genannt werden kann, ist ungewöhnlich: «Few literary genres, if any, can be traced to a single point of origin.»[120] Die weitreichende Übereinstimmung darüber, dass *Adventure* das erste Textadventure beziehungsweise das erste Interactive-Fiction-Spiel war, ist nicht bloss ein triviales historisches Faktum, sondern bestimmt, was heute unter diesen Termen verstanden wird; «to pinpoint a genre's origin is to *define* the genre, not to discover it», wie Espen Aarseth sehr korrekt anmerkt.[121] In Hinblick auf den anscheinend klar bestimmten und unbestrittenen Status von *Adventure* als Urtext des Genres mag es umso mehr überraschen, dass das Geburtsjahr der Interactive Fiction wahlweise ins Jahr 1972, 1975, 1976 oder auch 1977 gelegt wird.[122] Der Grund dafür ist, dass die Entstehungsgeschichte von *Adventure* um einiges verworrener ist, als gemeinhin postuliert wird. Gleichzeitig gibt sie bereits erste Hinweise auf ein Autorschaftsparadigma, das stark von jenem der traditionellen Literatur abweicht.
Als Will Crowther die erste Version von *Adventure* programmierte, arbeitete er für das Unternehmen Bolt, Beranek and Newman (BBN), wo er unter anderem an der Entwicklung des ARPANET beteiligt war, dem direkten Vorgänger

---

120 Aarseth 1997, 97.
121 Ebd., Hervorhebung von mir.
122 Vgl. Jerz 2007, 79–84.

des Internets.¹²³ In seiner Freizeit beging er gerne Höhlen, war Mitglied in einer *Dungeons-&-Dragons*-Rollenspiel-Gruppe und Vater zweier Töchter, die er aufgrund einer Scheidung nur noch selten sah.¹²⁴ Um seinen Töchtern während ihrer Besuche Unterhaltung zu bieten und seine Begeisterung für das Höhlenwandern zu vermitteln, entwickelte er ein textbasiertes Spiel, das von Teilen der Mammoth Cave in Kentucky inspiriert war, dem weltweit längsten bekannten Höhlensystem. Dafür nutzte er Pläne beziehungsweise Karten, die er bereits einige Jahre zuvor angefertigt hatte.¹²⁵ Die Navigation im Spiel erfolgte über ein bis zwei Wörter lange Befehle wie «take lamp» oder «go north», die sich – für Computerprogramme damals untypisch – stark an natürlicher Sprache orientierten, so dass das Spiel auch für Laien zugänglich war.¹²⁶ Gleichzeitig bereicherte er die eher realistische Höhlenwelt mit Fantasy- beziehungsweise *Dungeons-&-Dragons*-typischen Elementen wie Magie oder axtschwingenden Zwergen.¹²⁷ Um zu wissen, wo sich der Protagonist gerade befindet und ob eine Aktion erfolgreich war, beantwortet eine anonyme narrative Instanz die Befehle der Spielenden mit informativen, manchmal aber auch sarkastischen oder humorvollen Kommentaren, die stets in der zweiten Person formuliert sind. Der dabei entstehende Sprach- und Kommunikationsstil wird oft mit dem eines Spielleiters eines Pen-and-Paper-Rollenspiels verglichen, was wohl durchaus von Crowther beabsichtigt war.¹²⁸

Den wirklichen Durchbruch erlangte *Adventure* jedoch erst einige Jahre später, als Don Woods, damals Doktorand an der Stanford University, das Spiel entdeckte und Crowther darum bat, den Code erweitern und anpassen zu dürfen. Er ergänzte das Spiel um ein Punktesystem, erhöhte die Anzahl Schätze, die man finden kann, von 5 auf 15, fügte viele zusätzliche Rätsel hinzu und erweiterte das Spiel um weitere typische Fantasyelemente, die Inspiration aus Tolkiens *Der kleine Hobbit* und *Herr der Ringe*, aber auch aus *Dungeons & Dragons* zogen.¹²⁹ Woods' *Adventure*, das 1977 erschien,¹³⁰ ist in der Folge auch jene Version, die immer wieder rezipiert und erneuert wurde, und stellt somit trotz des späteren Erscheinungsdatums den eigentlichen Referenztext der Interactve Fiction beziehungsweise des Textadventuregenres dar, zumal Crowthers ursprünglicher

---

123 Vgl. Jerz 2007, 19.
124 Vgl. Peterson 1983, 187 f.
125 Vgl. Jerz 2007, 54.
126 Vgl. Veugen 2006, 83.
127 Vgl. Jerz 2007, 10.
128 Vgl. Aarseth 1997, 98 f.
129 Veugen 2006, 84.
130 Jerz 2007, 83 f.

Code erst 2005 wiederentdeckt wurde.[131] Spätere Textadventures entwickelten das Genre selbstverständlich weiter, wobei sie, je nach Beispiel, den Fokus eher auf das Narrative oder auf das Lösen von Rätseln setzten. Zudem wurden in späteren Vertretern des Genres weitere Elemente aus dem Regelwerk von *Dungeons & Dragons* implementiert, wie zum Beispiel zufallsbasierte Kampfsysteme oder Charakterentwicklungssysteme. Auch *AI Dungeon* orientiert sich stark an diesen historischen Vorbildern, insbesondere was das Interface und die Organisation des Texts angeht (vgl. Abb. 8).

Für Espen Aarseth ist die «origin story of Crowther and Woods' *Adventure*» paradigmatisch für die kollaborative Autorschaft im Netzzeitalter: «one person gets an idea, writes a program, releases it (with the source code); somewhere else another person picks it up, improves it, adds new ideas, and rereleases it»[132] – es dürfte deshalb kaum überraschen, dass ich bereits auf eine ähnliche Form kollaborativer Autorschaft in der Analyse zu *Sunspring* aufmerksam machte.

Das Prinzip der kollaborativen Autorschaft finden wir aber nicht nur beim Code, sondern auch beim Spiel selbst. Ein bemerkenswerter Anteil der – zugegebenermassen bis heute eher spärlichen – Literatur zur Interactive Fiction, wie Textadventures auch genannt werden, streicht hervor, dass der Reiz dieser Spiele darin besteht, dass sich ihre Handlung in einem Dialog zwischen den Spielenden und dem Computerprogramm entfaltet und die Spielenden so immer auch ein bisschen zu Koautoren der Geschichte werden.[133] Einer differenzierten Betrachtung hält diese Einschätzung nur teilweise stand, sind doch den Handlungsmöglichkeiten der Spielenden enge Grenzen gesetzt und die Möglichkeit der Einflussnahme auf den konkreten Inhalt einer Geschichte laut Espen Aarseth eher illusorisch: «In most adventure games situations, the reader's activity is very predictable.»[134] Das Problem ist, dass traditionelle Textadventures einen Grad an Entscheidungsfreiheit versprechen, den sie selbst niemals einlösen können, wie folgendes Zitat von Andrew Plotkin schön illustriert:

> «By describing a world, and implying […] the unbounded richness of a complete reality, the adventure game conjures the unbounded richness of real action. A person in this situation could do an infinite number of things. Of course this is a tension: you know that you have very few meaningful game options. But the interface makes no move to break this tension. It invites you to type anything.»[135]

---

131 Ebd., 10.
132 Aarseth 1997, 99.
133 Vgl. Bell, Ensslin 2011, 312 f.; Rafael 2018, 573; Moser 2012.
134 Aarseth 1997, 106.
135 Plotkin 2011, 64.

Abb. 8: Don Woods' Version von Adventure, dargestellt auf einem VT100-Terminal.

Tippt man in diesen Spielen allerdings tatsächlich alles ein, was einem so einfällt, wird man in der Regel jäh aus der Immersion gerissen und vom Programm informiert, dass es dieses oder jenes Wort nicht kenne, oder den Input des Spielenden aus anderen Gründen nicht verstehe; einfach, weil es sich dabei um keine von den Programmierer:innen vorgesehene Eingabe handelt und deshalb kein entsprechender Code existiert. Die Frage «What should I do?», sagt Plotkin im gleichen Artikel, ist deshalb stets vermischt mit der Frage «What *can* I do?».[136] Trotzdem wurde und wird die Qualität von Interactive Fiction gerade daran gemessen, wie viel Einfallsreichtum seitens der Spielenden geduldet wird,[137] also wie viele unterschiedliche Möglichkeiten es gibt, in der Geschichte voranzuschreiten.

Dahinter steckt einmal mehr das Ideal der Pen-and-Paper-Rollenspiele, das bereits zur Geburtsstunde der Interactive Fiction in dessen Gene eingeschrie-

136 Ebd., 63.
137 Silcox 2011, 78.

ben war, aber lange unerreichbar schien. Ein Artikel von Roger Sorolla, der ursprünglich 1996 im Usenet gepostet und 2011 neu veröffentlicht wurde, macht genau diesen Konflikt zum Thema und spricht interessanterweise schon damals die Forschung im Bereich künstlicher Intelligenz an:

> «The live referee [eines Pen-and-Paper-Rollenspiels] has a rather unfair advantage over the programmer. The game-master bases NPC output on a highly sophisticated interactive algorithm synthesizing years of social observation and literary convention: the human mind. To even begin to compete, the computer-game author must effectively write this algorithm from scratch; an impossible task, even for the artificial-intelligence experts!»[138]

Angesichts der jüngeren Entwicklungen im Bereich künstlicher neuronaler Netzwerke beziehungsweise des sogenannten Deep Learning scheint diese Aufgabe nicht mehr so unmöglich, wie es Sorolla hier schildert. Ebenfalls 2011, also im gleichen Jahr, als Sorollas Usenet-Post wiederveröffentlicht wird, äussert sich der finnische Computerspielforscher Veli-Matti Karhulahti bereits deutlich optimistischer über den möglichen Impact der KI-Forschung auf das Adventure-Genre oder Computerspiele ganz allgemein:

> «As most of the gaming industry's effort has been continuously directed to audiovisual refinements, it is tempting to imagine what the field would look like if that effort would have been directed to the development of text, artificial intelligence for instance.»[139]

Heute lässt sich sagen, dass mehr und mehr Leute Mühe damit bekunden, überhaupt noch auseinanderzuhalten, welcher Text von einem Menschen und welcher von einem Computer geschrieben wurde. OpenAI brüstet sich beispielsweise in einem Paper damit, dass ihre Studienteilnehmer:innen nur in 52 Prozent der Fälle korrekt einschätzen konnten, ob die ihnen vorgelegten Newsartikel von OpenAIs GPT-3-Modell (oder exakter, dessen leistungsstärkster Version) oder aus menschlicher Hand stammten – was bei rein zufälligem Antworten kaum anders aussehen würde.[140]

Nun dürfte klar sein, was *AI Dungeon* so revolutionär macht: Es schreibt die Geschichte der Interactive Fiction neu, indem das Spiel gleichzeitig auf die Anfänge des Genres verweist, dabei aber auch ein Kernelement dessen Entstehungszusammenhangs – der Versuch, ein Pen-and-Paper-Rollenspiel zu digitalisieren und automatisieren – mit neuartigen Mitteln zu retten sucht.

---

138 Sorolla 2011, 13.
139 Karhulahti 2011, 36.
140 Brown, Mann, Ryder et al. 2020.

Im Folgenden möchte ich aufzeigen, dass dabei nicht nur ein seit Jahrzehnten als tot erklärtes Computerspielgenre wieder zum Leben erwacht, sondern damit auch eine Erzähltradition in die Siliziumchips einzieht, die wohl so alt ist wie die Menschheit: die Oralität.

Oralität und Literarizität

Es gibt noch einen weiteren gewichtigen Unterschied zwischen einem Pen-and-Paper-Rollenspiel und einem Textadventure: Das Rollenspiel wird gesprochen, das Textadventure gelesen. Kaum jemand käme auf die Idee, ausser vielleicht zu Zwecken einer linguistischen Studie, ein Dungeons-&-Dragons-Abenteuer verbatim zu verschriftlichen und als gewöhnlichen Lesetext zu behandeln; schon beim Weitererzählen würde die Geschichte wohl zusammengefasst, gestreckt oder gekürzt, eingeordnet, kommentiert oder anderweitig editiert werden. Ein geschriebener Text unterscheidet sich grundlegend von einer mündlichen Erzählung, sowohl was seine Form wie auch was seine Produktion, Rezeption und Eingebettetheit in spezifische kulturelle Kontexte angeht. Und doch versucht die Interactive Fiction im Allgemeinen und *AI Dungeon* im Besonderen genau das.

Bereits in Bezug auf traditionelle Interactive Fiction und *AI Dungeon* wies ich darauf hin, dass im Interagieren mit diesen Texten (beziehungsweise Spielen) verschiedenste Rollen in den Spieler:innen zusammenfallen, wie die von Autorin und Leser, Konsumentin und Programmierer oder Spielerin und Charakter. Auch dieses Phänomen kennen wir aus Pen-and-Paper-Rollenspielen, bei denen sich besonders engagierte Spieler:innen gar ihrer Rolle entsprechend verkleiden oder – je nach Charakter, der gesprochen wird – die Stimme, das sprachliche Register oder das genutzte Vokabular anpassen.

Das Zusammenfallen verschiedener Rollen, die starke Identifizierung der Beteiligten mit der Erzählung und ihren Charakteren, ist gemäss Walter Ong ein typisches Merkmal von Oralität. In seinem einflussreichen Buch *Orality and Literacy* sagt er: «When a speaker is addressing an audience, the members of the audience normally become a unity, with themselves and with the speaker.»[141] Als besonders eindrückliches Beispiel dient ihm eine kommentierte Verschriftlichung des Mwindo-Epos, einer vor allem mündlich überlieferten Erzählung aus dem Kongo, in der die Editoren (*scribes*) des Buches selbst Teil der Geschichte werden.

---

141 Ong 2002, 72.

> «The editors of the Mwindo Epic call attention to a similar strong identification of Candi Rureke, the performer of the epic, and through him of his listeners, with the hero Mwindo, an identification which actually affects the grammar of the narration, so that on occasion the narrator slips into the first person when describing the actions of the hero. So bound together are narrator, audience, and character that Rureke has the epic character Mwindo himself address the scribes taking down Rureke's performance: ‹Scribe, march!› or ‹O scribe you, you see that I am already going›. In the sensibility of the narrator and his audience the hero of the oral performance assimilates into the oral world even the transcribers who are de-oralizing it into text.»[142]

Viele der hier beschriebenen Elemente dürften uns bereits bekannt vorkommen: Da ist die Einheit aus Erzähler (beziehungsweise Erzählung), Zuhörern und Charakteren und auch die sprachliche Identifikation mit den Charakteren mittels des Pronomens *I*, das der Logik der Du-Form in Rollenspielen und Interactive Fiction entspricht. Weiter wird klar, dass orale Erzählformen stark in der Logik des Spiels nach Huizinga verwurzelt sind, wie ich es schon in der Analyse von *Sunspring* angesprochen habe: Die Beteiligten treten gemeinsam aus dem echten Leben hinaus und betreten eine «temporary sphere of activity of its own», die jedoch so behandelt wird, als ob sie echt wäre[143] – kurz, sie spielen ein Rollenspiel.

Die grösste Differenz von Ongs Beispiel des Mwindo-Epos zu Pen-and-Paper-Rollenspielen und Interactive Fiction liegt vielleicht darin, dass im Falle des Mwindo-Epos die Redehoheit trotz des sehr partizipativen Rahmens weiterhin bei einer Person liegt und nicht auch weitere Beteiligte aktiv miterzählen – wobei natürlich auch der Dungeon Master in einem Pen-and-Paper-Rollenspiel beziehungsweise die anonyme narrative Instanz in einem Werk der Interactive Fiction eine gewisse narrative Vormachtstellung oder Leitrolle einnimmt. Wie Ong an anderer Stelle anmerkt, ist das gemeinsame Erzählen aber auch für bestimmte andere Formen des mündlichen Erzählens durchaus typisch:

> «Interaction with living audiences can actively interfere with verbal stability: audience expectations can help fix themes and formulas. I had such expectations enforced on me a few years ago by a niece of mine […]. I was telling her the story of ‹The Three Little Pigs›: ‹He huffed and he puffed, and he huffed and he puffed, and he huffed and he puffed›. Cathy bridled at the formula I used. She knew the story, and my formula was not what she expected. ‹He huffed and he puffed, and he puffed and he huffed, and he huffed and he puffed›, she pouted. I reworded the narrative, complying to audience demand for what had been said before, as other oral narrators have often done.»[144]

---

142 Ong 2002, 45 f.
143 Huizinga 1980, 8.
144 Ong 2002, 65.

Abb. 9: Eine Infocom-Werbung aus dem Jahr 1984.

Hier verlässt Walter Ongs Nichte ihre Rolle als Zuhörerin und wird zur Koautorin der Geschichte, indem sie unmittelbar in die Erzählung eingreift. Mündliche Erzählungen sind, im Gegensatz zum Grossteil schriftlich fixierter Texte, stets offen für dynamische Anpassungen, die zeitgleich mit dem Akt des Erzählens stattfinden. Tatsächlich können sie auch nur dann stattfinden, denn die Erzählkunst, so könnte man sagen, ist im Gegensatz zur Literatur eine darstellende beziehungsweise performative Kunst, und damit ähnlich flüchtig und zeitlich begrenzt wie ein Spiel im Sinne Huizingas.

Es ist genau dieses Spannungsfeld, das zu den zahlreichen Debatten darüber führte, ob es sich bei der Interactive Fiction eher um eine Literaturgattung oder um ein Spiel handelt. Der Ludologist und Literaturwissenschaftler Jesper Juul etwa vertrat schon früh die Ansicht, dass die Interaktivität des Computerspiels mit dem Konzept der Narration unvereinbar sei, obschon viele Spiele narrative Züge trügen. Er begründet dies mit der Gleichzeitigkeit der Spielsituation:

> «One of the traits of narration is that narration is about something that happened at some other time. This is the whole story/discourse dichotomy, which is something you want to avoid in any real-time interactive product. (There is no way the user can interact with your story while it is being narrated.)»[145]

---

145 Juul 2000.

Anders sieht es aus bei den Produzent:innen von Interactive Fiction. Das Unternehmen Infocom, das in den Achtzigerjahren eines der bekanntesten Entwicklungsstudios solcher Werke war, «made no secret of its view of these games as playable novels»,[146] die gleichwohl dem Zutun der Spieler:innen bedürften, um die Geschichte zu vervollständigen (Abb. 9).

Andere Computerspieltheoretiker wie Espen Aarseth, der mit *Cybertext. Perspectives on Ergodic Literature* ein sehr einflussreiches Buch zum Thema geschrieben hat, löst den Streit um die Zugehörigkeit der Interactive Fiction, indem er kurzum eine neue Kategorie erfindet: Bei Interactive Fiction handle es sich um Cybertexte beziehungsweise ergodische Literatur. Mit seinem Neologismus, der aus den griechischen Wörtern *ergon* (Arbeit) und *hodos* (Pfad) besteht, bezeichnet er nonlineare Texte, die einen «nontrivial effort» benötigen, damit die Leser:innen den Text lesen beziehungsweise durchqueren (*traverse*) können.[147] Neben der Interactive Fiction bezeichnet er unter anderem auch das chinesische *Buch der Wandlungen* (*Yi Jing*), das mit seinem nonlinearen Aufbau eine andere Lesetechnik erfordert, als es sonst bei Büchern der Fall ist, als Cybertext;[148] und auch *Dungeons & Dragons* könne, als Wegbereiter des Textadventures, als Beispiel eines oralen Cybertexts angesehen werden,[149] wobei ich hier nochmal betonen möchte, dass ein grosser Teil oraler Texte per se dezidiert nonlinear und dynamisch veranlagt sind, was wir anhand Walter Ongs Beispielen bereits nachvollziehen konnten.

Machen wir hier nochmals einen Schritt zurück zu Ong und dem Widerstreit zwischen Oralität und Literarizität. Wenn wir nun also ein Pen-and-Paper-Rollenspiel als ein Beispiel für orale Erzählkunst betrachten und die traditionelle Interactive Fiction als den Versuch, diese in das Medium des Computerspiels zu transferieren, erscheint der Konflikt zwischen der Prozesshaftigkeit des Spiels und der Abgeschlossenheit der Literatur beziehungsweise der bereits zuvor angesprochene Konflikt zwischen dem Ideal der Entscheidungsfreiheit und den Beschränkungen des Codes in einem neuen Licht. Er lässt sich auf der Basis meiner Argumentation, und durchaus auch in Anlehnung an Aarseths Konzept des Cybertexts, als Konflikt zwischen Oralität und Literarizität deuten.

Der Vorteil dieser Perspektive ist, dass sich damit viele müssige Diskussionen um das Genre erübrigen; zum Beispiel der eben geschilderte Streit darüber, ob es sich bei Interactive Fiction um Literatur handle oder nicht. Im Falle einer

---

146 Salter 2014, 26.
147 Aarseth 1997, 1. Ein «trivialer Effort» beinhaltet zum Beispiel das Blättern der Seiten oder die Bewegung der Augen.
148 Vgl. Aarseth 1997, 2, 9 f.
149 Ebd., 98.

mündlichen Erzählung lässt sich eben sehr wohl mit der Geschichte interagieren, während diese erzählt wird. Gleichzeitig trägt sie zum besseren Verständnis bei, was *AI Dungeon* genau mit dem Genre macht: Die traditionelle Interactive Fiction versucht, die performative und partizipatorische Dimension analoger Rollenspiele mit verschiedensten Designkniffs zu simulieren, greift dabei aber weiter auf schriftlich fixierten und damit zwangsläufig unabänderbaren Text (oder Code) zurück, der eine vergleichsweise geringe Variationstoleranz bezüglich des Inputs erlaubt. Die KI-gestützte, zufällige Textgenerierung in *AI Dungeon* ermöglicht jedoch, das dynamische Wechselspiel zwischen den Beteiligten einer mündlichen Erzählung in seiner ganzen sprachlichen Freiheit einzufangen, und gibt den Spieler:innen alle Werkzeuge in die Hand, jederzeit in die Geschichte einzugreifen. Kein Teil einer Geschichte in *AI Dungeon*, mit Ausnahme des Beginns, ist im Code festgeschrieben, sondern schlummert bis zum Zeitpunkt seiner Generierung als reine Potenzialität im Algorithmus; ähnlich wie das gespeicherte Wissen in einem menschlichen Erzähler erst dann zum Vorschein kommt, wenn dieser frei zu sprechen beginnt, was Heinrich von Kleist einst sehr prägnant auf den Punkt brachte: «Der Franzose sagt ‹l'appétit vient en mangeant›, und dieser Erfahrungssatz bleibt wahr, wenn man ihn parodiert und sagt ‹l'idée vient en parlant›.»[150] Hier liesse sich Kleists Parodie also noch weiterziehen, indem wir sagen: «L'histoire vient en écrivant.»

Kreativität ohne Autorschaft?

Die Übernahme einer oralen Erzähllogik, die in *AI Dungeon* stattfindet, hat weitreichende Konsequenzen für Begriffe wie Autorschaft, Originalität und Kreativität, denn jeder dieser Begriffe ist, gerade im Fall der Literatur, eng verknüpft mit der Vorstellung einer singulären Urheberschaft eines Textes, der nicht das Gemeinsame oder Übergreifende, sondern die Differenz zu bereits bestehenden Texten sucht. Dabei handelt es sich jedoch um ein relativ junges Verständnis der Produktion (und Rezeption) von Texten.[151]
Nicht nur in oralen, sondern auch in den Manuskriptkulturen des Mittelalters war es gang und gäbe, sich frei bei anderen Texten zu bedienen; das moderne Konzept der Intertextualität etwa wurde als selbstverständlich angesehen:

> «Still tied to the commonplace tradition of the old oral world, it deliberately created texts out of other texts, borrowing, adapting, sharing the common, originally

---

150 Von Kleist 1805,
151 Hier und im Folgenden auch gemeint als mündliche «Texte».

oral, formulas and themes, even though it worked them up into fresh literary forms impossible without writing.»[152]

Literatur wurde lange «im Modus von kollektiver, anonymer Autorschaft» weitergegeben, wobei «der Stoff im Vordergrund [stand], der zumeist dem kulturellen Gedächtnis entstammte, der Vermittler trat demgegenüber zurück».[153] Aus diesem Grund spielt es in oralen und in Manuskriptkulturen keine grosse Rolle, wie originell oder kreativ ein Text ist, geschweige denn wer ihn verfasst hat. Die Idee, dass ein Text mit seiner Verschriftlichung fixiert würde, sowohl was seinen Inhalt wie auch was seinen Verfasser oder seine Verfasserin angeht, entwächst laut Walter Ong der Kultur des Buchdrucks – und damit einhergehend der romantischen Konzeption einer Geniepoetik:[154]

> «Print culture of itself has a different mindset [als eine Manuskript- oder orale Kultur]. It tends to feel a work as ‹closed›, set off from other works, a unit in itself. Print culture gave birth to the romantic notions of ‹originality› and ‹creativity›, which set apart an individual work from other works even more, seeing its origins and meaning as independent of outside influence, at least ideally. When in the past few decades doctrines of intertextuality arose to counteract the isolationist aesthetics of a romantic print culture, they came as a kind of shock. They were all the more disquieting because modern writers, agonizingly aware of literary history and of the de facto intertextuality of their own works, are concerned that they may be producing nothing really new or fresh at all, that they may be totally under the ‹influence› of others' texts.»[155]

AI Dungeon zeigt – wie auch alle anderen Beispiele künstlicher Kreativität, die in diesem Buch behandelt werden – auf, wie problematisch das oben beschriebene Verständnis von Autorschaft, Originalität und Kreativität für die Beschreibung dieser Formen des künstlerischen Schaffens ist. Die in *AI Dungeon* entstandenen Geschichten kennen keinen klaren Autor, da sie in einem kollaborativen beziehungsweise kokreativen Spiel zwischen Mensch und Computer entstehen. Wie schon das Skript zu *Sunspring* – und auch nicht unähnlich dem musikalischen Duett zwischen Mensch und Schleimpilz in Eduardo Mirandas Biocomputermusik, das später im Buch zur Sprache kommen wird – entwachsen sie der Interaktion von menschlichen und nichtmenschlichen Akteuren, die aufeinander angewiesen sind. Genauso wenig lassen sich diese Geschichten als abgeschlossen beschreiben, da sie beliebig erweitert und abgeändert werden können – ein Unterschied zu *Sunspring*, in dem Benjamins zufallsgeneriertes Skript als unabänderlicher Ausgangspunkt für die Verfilmung verstanden wurde. Auch die intertextuelle Dimension von *AI Dungeon* ist offensichtlich, generiert die KI ihren Text doch lediglich

---

152 Ong 2002, 130 f.
153 Hartling 2009, 77.
154 Vgl. Hartling 2009, 77 f.
155 Ong 2002, 131.

auf der Basis ihrer Trainingsdaten und nutzt dabei viele bekannte Fantasy- und andere Archetypen. Vor allem aber ist es im Fall von *AI Dungeon* relativ irrelevant, dass am Ende einer Geschichte ein abgeschlossenes Werk entsteht, ist es doch vor allem der Prozess, der den Reiz des Spiels (und tatsächlich aller Spiele) ausmacht. Heisst das also zwangsläufig, dass die dabei entstehenden Geschichten weder originell sind noch als kreatives Produkt gelten können?

Die Antwortet lautet wohl nein. Das Problem an der Konzeption dieser Begriffe liegt schlicht darin, dass sie einen viel zu grossen Wert auf die Autorschaft oder genauer das Autorgenie legen – ein Thema, das uns bei der Diskussion zu *The Next Rembrandt* noch genauer beschäftigen wird. Bemühen wir die pragmatischere Definition von Kreativität von Margaret Boden, auf die ich schon in der Einleitung zurückgreife, beinhaltet diese lediglich «the ability to generate creative ideas (a shorthand term that includes artefacts) – where a creative idea is *novel, surprising*, and *valuable*».[156] Alle diese drei Kriterien können als erfüllt angesehen werden: Die Geschichten sind neu, da sie vorher nicht existiert haben; sie sind (oft) überraschend, was einen grossen Teil des Unterhaltungswerts von *AI Dungeon* ausmacht und sie sind wertvoll, da viele Menschen sie als wertvoll beziehungsweise unterhaltsam, witzig oder interessant wahrnehmen.

Auch hier zeigt sich wieder, dass die interessantere Frage die Frage nach dem Wie der Kreativität ist und nicht nach dem Ob: «Rather than asking ‹Is that idea creative, yes or no?› we should ask ‹Just how creative is it, and in just which way(s)?›»[157]

Was *AI Dungeon* von allen anderen von mir besprochenen Beispielen künstlicher Kreativität unterscheidet, ist, dass es sich dabei nicht um ein einzelnes kreatives Artefakt handelt, sondern um deren Multiplizität. Schlussendlich bietet die App nicht mehr als ein Interface für die Spieler:innen, um ihre eigenen Geschichten zu verwirklichen, die sich bezüglich ihrer Originalität und Qualität merklich unterscheiden dürften – ähnlich wie ein Regelbuch nicht mehr als den Rahmen vorgibt, innerhalb dessen ein Pen-and-Paper-Rollenspiel gespielt wird. Und wie bei Dungeons & Dragons sind die besten Spielsitzungen «thoroughly co-creative, with players building from a Dungeon Master's vision with […] unexpected consequences».[158] Während *AI Dungeon* die in diesem Zitat beschriebene kreative Freiheit zulässt, kennen andere Spiele bloss feste Formeln: «[They] cannot deal with any interactions [they are] not programmed to handle, unlike a Dungeon Master.»[159]

156 Boden 2014, 227.
157 Boden 2004, 2.
158 Salter 2014, 14.
159 Ebd., 13.

Eine interpassive Textmaschine.
Überlegungen zu Ästhetik und Partizipation

Obwohl ich bisher vor allem die partizipative, kokreative und freiheitliche Dimension der gemeinschaftlichen Textgenerierung in *AI Dungeon* angesprochen habe, die auf der oralen Erzähllogik eines Pen-and-Paper-Rollenspiels fusst, manifestiert sich auch ein gegenläufiges Element im Spiel mit dem künstlich intelligenten Dungeon Master, das mindestens so relevant ist für die dabei entstehende Ästhetik der Spielerfahrung. Um verständlich zu machen, welches Element damit gemeint ist, möchte ich zunächst die Perspektive von der direkten Interaktion mit dem Spiel auf seine Rezeption verlagern.

Wie bei allen populärkulturellen Phänomenen spielt die Aneignung durch die Fans beziehungsweise die Community eine gewichtige Rolle in Bezug auf die Zirkulation eines Werks:

> «Mit Medienprodukten ist zukünftig nur noch ein Geschäft zu machen, wenn sich Nutzer und Öffentlichkeiten aktiv an deren Verbreitung beteiligen – durch Klicks und Tags, durch Teilen und Empfehlen über Social Media, durch Kommentare und Bearbeitung, nicht zuletzt, indem User dazu bewegt werden, Geschichten (‹transmedia stories›) durch unterschiedliche Medienformate zu verfolgen und möglichst umfassend in narrative Welten einzutauchen.»[160]

Typisch bei Computerspielen sind dabei selbstgedrehte Videos auf Youtube, die es erlauben, anderen beim Spielen zuzuschauen (sogenannte *Let's Plays*).[161] Auch im Fall von *AI Dungeon* trifft man auf eine Vielzahl von Videos, durch die einzelne Spieler:innen weitere Personen an ihren Geschichten teilhaben lassen. Bereits ein Blick auf die Titel dieser Videos lässt hellhörig werden: «I let an A. I. rewrite world history and it was PHENOMENAL!»,[162] «So I had an AI write a story …»,[163] «AI Dungeon Re-Writes The Bee Movie»[164] oder «Forcing an AI To Make Half-Life 3».[165]

Was alle diese Beispiele gemeinsam haben, ist, dass sie das Spielerlebnis in *AI Dungeon* keineswegs als kollaborativ oder kokreativ rahmen, sondern hervorstreichen, dass es nicht sie, sondern – scheinbar exklusiv – die künstliche Intelligenz sei, die ihre Geschichten schrieb. Darüber hinaus zeigt sich in vielen

---

160 Maase 2019, 238 f.
161 Für einen Überblick über die verschiedenen Formen von Let's Plays, vgl. Hale, Hartmann, Schlemermeyer 2017; für eine allgemeine Einführung ins Thema, vgl. Ackermann 2017.
162 Drew Durnil 2020.
163 Jawsh 2021.
164 ChoccyMilkMen 2021.
165 Deadwater 2nd Channel 2021.

der Videos anderer Spieler:innen, dass die Interaktion mit dem Spiel, obwohl unterhaltsam, nicht frei von Frustrationen ist, wenn sie etwa (oft erfolglos) versuchen die KI in eine narrative Richtung zu schubsen, die sie als wünschenswert erachten – ein Phänomen, das ich auch von meiner eigenen Spielerfahrung her gut kenne. Aber wieso schreiben dann die Spieler:innen nicht einfach selbst eine Geschichte, statt mittels *AI Dungeon* bereitwillig grosse Teile ihrer Erzählhoheit abzutreten; und warum bietet es ihnen dennoch Genuss?

Um diese Fragen zu beantworten, eignet sich der Begriff der Interpassivität; ein Konzept, das vor allem vom österreichischen Philosophen Robert Pfaller geprägt wurde, was auch Slavoj Žižek bestätigt,[166] der ebenfalls zu den Pionieren der Interpassivität zählt. Der Begriff ist komplex. Wie Pfaller selbst zugibt, ist «das Denken der Interpassivität [ein Denken], das sich immer an Paradoxien, Denkschwierigkeiten und Erkenntnishindernissen abarbeiten musste».[167] Interpassivität, die Pfaller auch als delegiertes Geniessen bezeichnet,[168] kann wie folgt definiert werden:

> «Rather than letting others (other people, animals, machines, etc.) work in your place, interpassive behaviour entails letting others consume in your place. We can speak of interpassivity when people, for instance, insist that others drink their beer for them, or when they let recording devices watch TV programmes in their place, or when they print out texts instead of reading them, or when they use ritual machines that pray or believe for them vicariously (‹ora pro nobis›), or are happy that certain TV shows feature canned laughter that displays amusement in their place. [...]
>
> Rather than delegating [...] their responsibilities to representative agents, interpassive people delegate precisely those things that they enjoy doing – those things that they do for pleasure, out of passion or conviction. Rather than letting others work for them, they let them enjoy for them.»[169]

Mir scheint, dass auch der Umgang mit *AI Dungeon* mitunter klar interpassive Züge trägt. Wie ich bereits zu Beginn dieses Kapitels argumentiere, verkleinert sich der Verantwortungsbereich der Spieler:innen durch das Delegieren der Textgenerierung an den Computer nicht etwa, er vergrössert sich. Während die Spieler:innen sich damit abmühen, die vor ihren Augen entstehende Geschichte zu interpretieren, Kohärenz und Kausalität herzustellen, zu kuratieren, in ihrem Sinne zu beeinflussen, hat die KI den ganzen Spass: Kaum an irgendwelche Zwänge gebunden, erzählt und schreibt sie frei drauf los. Ganz im Sinne

---

166 Žižek 1998, 483.
167 Pfaller 2008, 26.
168 Ebd., 293.
169 Pfaller 2017, 1 f. Ich habe hier auf die englische Ausgabe zurückgegriffen, weil in der älteren, deutschen Ausgabe des Buches (Pfaller 2008) dieser Abschnitt nicht enthalten ist.

der surrealistischen Technik der *écriture automatique*, die bereits bei *Sunspring* Thema war, plant sie weder im Voraus einen genauen Aufbau der Geschichte, noch greift sie selbst korrigierend oder zensierend in die Textproduktion ein, denn diese mühselige Arbeit wird den Spieler:innen überlassen. Die Maschine geniesst, während der Mensch arbeitet.

Zugegebenermassen ist die Konstellation in *AI Dungeon* derart kompliziert, dass gar nicht so klar ist, wo die Grenze zwischen Produktion und Konsum beziehungsweise zwischen Arbeit und Genuss genau verläuft. Ein möglicher Einwand gegen meine These könnte deshalb lauten, dass der Genuss gar nicht beim Schreiben der Geschichte stattfindet, sondern beim Lesen derselben. Auch wenn die beiden Tätigkeiten naturgemäss eng miteinander verknüpft sind, verfehlt diese Betrachtungsweise den Reiz des Spiels (und von Spielen ganz allgemein); dieser besteht nämlich darin, dass die Geschichte dynamisch im Beisein der Beteiligten entsteht. Man liest den Text, um ihn weitererzählen zu können.

Ein weiterer Einwand könnte lauten, dass ungeachtet der Verortung des Genusses das Schreiben doch weiterhin ein aktiver, produktiver und sicherlich kein passiver Akt sei, wie es Pfaller für die Interpassivität zu beschreiben scheint: «So, wie interaktive Medien die *Aktivität* auf die Seite der (im Übrigen als passiv erachteten) Betrachter transferieren, verlagern interpassive Medien gerade die *Passivität* von der Seite des Betrachters auf jene des Kunstwerks.»[170] Dieser Einwand ist besser, hat aber ebenfalls zwei Schwächen.

Erstens verkennt er, dass auch in den von Pfaller herbeigezogenen Beispielen durchaus ähnliche Konstellationen interpassiven Verhaltens zur Sprache kommen. So erwähnt er ein Kunstprojekt von Astrid Benzer, die «eine Dienstleistung an[bot], die darin bestand, private Einladungs-Postkarten […] an die Bekannten, Freunde etc. der Ausstellungsbesucher zu verfassen und zu gestalten».[171] Dafür mussten diese jedoch «mindestens ebenso umfangreiche Formulare» ausfüllen, «in denen der Typ der Beziehung zu den Adressaten, der gewünschte Ton der Grussbotschaft etc. anzugeben war», was schlussendlich «mehr Arbeit [machte], als erspart wurde».[172] Pfaller kommt deshalb zum Fazit, dass «interpassive Personen der schreibfaulen Art» sogar bereit seien zu schreiben, um nicht schreiben zu müssen.[173] Was delegiert werde, sei ergo der Konsum (der Freundschaften), nicht die Arbeit. Verhält es sich mit *AI Dungeon* nicht ganz ähnlich?

---

170 Pfaller 2008, 30.
171 Ebd., 41 f.
172 Ebd., 42.
173 Ebd.

Die zweite Schwäche des Einwands ist etwas abstrakter und liegt darin, dass dieser auf einem überholten und wertenden Sender-Empfänger-Modell der Medien fusst, in deren Vorstellung der Sender nur aktiv, der Empfänger nur passiv ist, wobei insbesondere die (postulierte) Passivität des Empfängers als schlecht bewertet wird. Dabei handelt es sich um einen Dualismus, der in unterschiedlicher Form in beinahe jedem Bereich des westlichen Denkens über die Welt auftritt und diese auf machtvolle und hierarchisierende Art und Weise zweiteilt: aktiv/passiv, das heisst Subjekt/Objekt, männlich/weiblich, Kultur/Natur, menschlich/nichtmenschlich, lebendig/leblos, Ordnung/Chaos.[174] Eine solche Sicht auf die Welt ist nicht nur arg simplifizierend, sondern potenziell schädlich, und das Konzept der Interpassivität muss als Kritik am philosophischen Programm, das hinter der Interaktivität steckt, gedacht werden.[175]

Es bleibt die Frage offen, was man davon hat, den Genuss des Erzählens an eine Maschine zu delegieren – oder anders gefragt: was wird erspart, wenn nicht die Arbeit?

Vielleicht die Beurteilung derselben. Erzählte man die Geschichte komplett selbst, ohne einen anderen, an den man den Genuss des Schreibens delegieren könnte, müsste man in der Folge auch den eigenen Ansprüchen gerecht werden; die Anforderungen an die literarische oder inhaltliche Qualität des Geschriebenen träfen letztlich nur einen selbst. Die interpassive Struktur des Spiels mit der KI ermöglicht in diesem Sinne nicht etwa die Identifikation, wie man es von einem Rollenspiel erwarten würde, sondern genau die Deidentifikation mit der Geschichte beziehungsweise ihrer Produktion.[176] Das bedeutet nicht zuletzt, sich dem Anspruch einer Literarizität im Sinne Ongs zu entziehen, den man aufgrund der oralen Erzähllogik der Spielsituation gar nie erfüllen könnte. Was erspart wird, wäre dann also die Kritik an einen Text, der trotz seines dynamischen Entstehungsprozesses letztlich doch schriftlich fixiert wird und damit die Illusion eines in sich abgeschlossenen und gegen aussen abgegrenzten Ganzen erweckt, das auf seine nachträgliche Bewertung wartet.[177] Um es mit einem Zitat Althussers auszudrücken, auf das auch Pfaller in einem einleitenden Paratext zurückgreift:[178] «On ne publie pas ses propres brouillons, c'est-à-dire aussi ses propres erreurs, mais on publie parfois les brouillons des autres.»[179]

---

174 Vgl. Haraway 2016, 59 f.
175 Vgl. Pfaller 2008, 308–322.
176 Vgl. ebd., 85 f.
177 Vgl. Ong 2002, 131.
178 Pfaller 2008, 67.
179 «Man veröffentlicht nicht seine eigenen Entwürfe, das heisst auch seine eigenen Fehler, aber manchmal veröffentlicht man die Entwürfe anderer» (eigene Übersetzung). Althusser 1994, 7.

Im Umkehrschluss, also im Falle einer Beurteilung des Textes als gelungen, interessant, witzig oder literarisch wertvoll, ist es aber genauso möglich, am Genuss der KI teilzuhaben, vergleichbar mit dem Stolz eines Vaters, dessen Tochter gerade einen Mathematik- oder Musikwettbewerb gewonnen hat. Der Erfolg des anderen wird ihm neidlos überlassen,[180] weil er sich anfühlt (und sich bisweilen gar noch besser anfühlt!), als wäre es der eigene; oder nochmals anders formuliert: Wie man sich hin und wieder für andere Personen schämt, sich fremdschämt, geniesst man auch fremd. Aus diesem Grund spielt es auch keine Rolle, ob die Maschine fühlen kann, denn so wie sich beim Fremdschämen in der Regel nur der Betrachter schämt, ist dieser auch der Einzige, der beim Fremdgeniessen zu geniessen braucht.

Ein anderer Lustgewinn, den die Spieler:innen durch das Delegieren des Genusses an die KI von *AI Dungeon* ziehen können, betrifft Äusserungen, die für gewöhnlich als Tabu gelten und somit der Selbstzensur zum Opfer fallen. Pfaller beschreibt in seiner *Ästhetik der Interpassivität* das Beispiel einer (etwas sexistischen) Karikatur des Cartoonisten Krikri, in der man sehe, wie «Chef und Sekretärin mit ernster Miene auf einen soeben getippten Text blicken. Denn ‹die Schreibmaschine schrieb schweinische Sachen! Obwohl sie ganz neu war!›»[181] Laut Pfaller ist eine solche «Maschine, die sich anstelle ihrer Benutzer dem Genuss unschicklicher Formulierungen hingibt, eindeutig ein interpassives Medium»:[182]

> «Auch wenn die Karikatur als Medium des Humors ihre Themen einerseits als unsinnig ausgibt, so ist sie doch andererseits – ähnlich wie die ‹Verneinung› im Sinne Freuds – zugleich stets eine Anerkennung der von ihr verlachten Gedanken (ohne eine solche heimliche Plausibilität könnte sie ihre Funktion wohl nicht erfüllen).»[183]

Auch bei *AI Dungeon* handelt es sich um eine Maschine, die sich dem Genuss unschicklicher Formulierungen hingibt. Da die KI imstande ist, wirklich alles zu schreiben, wurde das Spiel beispielsweise von Anfang an auch dazu verwendet, erotische beziehungsweise pornografische Texte zu generieren. Lindsay Bicknell vom *Utah Business Magazine* geht sogar so weit zu sagen, dass das pornografische Element für viele Spieler:innen den Hauptreiz ausmache.[184] Dafür sei ihrer Ansicht nach nicht nur der menschliche Part verantwortlich, sondern vor allem die KI: «Most of it comes from the AI, by the way, not the players. While the player might prompt it, it's the computer that comes up with the detailed

---

180 Vgl. Pfaller 2008, 76.
181 Ebd., 44.
182 Ebd.
183 Ebd., 44 f.
184 Bicknell 2021.

response.»¹⁸⁵ Tatsächlich gibt es sogar ganze Anleitungen dafür, wie man in *AI Dungeon* möglichst überzeugende erotische Literatur generieren lassen kann,¹⁸⁶ was Bicknells Verdacht zu bestätigen scheint. In einem Artikel von Tom Simonite in der Onlinezeitschrift WIRED ist jedoch auch zu lesen, dass es viele Beschwerden gab, dass die KI selbst dann sexuelle Themen einbrachte, wenn dies von den Spieler:innen gar nicht erwünscht war. Der Latitude-Mitgründer und kreative Kopf hinter *AI Dungeon*, Nick Walton, ist sich dieser Problematik bewusst: «He said several players had sent him examples that left them ‹feeling deeply uncomfortable›, adding that the company was working on filtering technology.»¹⁸⁷

Die «Anerkennung der von ihr verlachten Gedanken»,¹⁸⁸ die Pfaller in Bezug auf Krikris Karikatur feststellte, ist im Fall von *AI Dungeon* empirisch belegbar; ihre Plausibilität ist hier keine heimliche. Der Grund, warum GPT-3 so gut darin ist, pornografische Inhalte zu schreiben, liegt darin, dass die KI unter anderem mit genau solchen Inhalten trainiert wurde. In der ungeheuren Datenmenge, auf deren Basis der künstlich intelligente Dungeon Master das Schreiben erlernte, sind zwangsläufig auch Beispiele menschlichen Schaffens enthalten, die ethisch bedenklich sein können. Nick Walton von Latitude, dem Entwicklungsstudio hinter *AI Dungeon*, umreisst das Problem wie folgt:

> «The thing that's very different about AI and traditional games, [with] traditional games, you start with nothing and you have to program every possible thing. AI is actually the reverse, where you start out with everything possible and you have to figure out how to add constraints to it, which is a challenging problem.»¹⁸⁹

Viele würden vielleicht davor zurückschrecken, selbst pornografische Inhalte zu produzieren oder zu konsumieren, und delegieren den Genuss der Pornografie deshalb an die Maschine, die sie nicht nur stellvertretend für sie produziert, sondern vor allem auch konsumiert. Das erlaubt wiederum ein Fremdgeniessen, das ohne eine Grenzüberschreitung im engeren Sinne auskommt und sich der kritischen Kontrolle eines freudschen Über-Ich «als Gewissen, vielleicht als unbewusstes Schuldgefühl über das Ich»,¹⁹⁰ zu entziehen vermag.

---

185 Ebd.
186 Vgl. FailedSave 2020.
187 Simonite 2021.
188 Pfaller 2008, 45.
189 Bicknell 2021.
190 Freud 1923.

Die Schattenseite der Big Data

Bei weichen pornografischen beziehungsweise erotischen Inhalten kann man sich vielleicht noch darüber streiten, ob die dabei verletzten Tabus überhaupt so schützenswert sind oder es sich bei diesen Tabus vielleicht sogar um einen Ausdruck einer lust- beziehungsweise genussfeindlichen Kultur handelt, gegen die Robert Pfaller immer wieder anschrieb, und dies bis heute tut. *AI Dungeon* löste das Problem bisher so, dass ein Filter freiwillig aktiviert oder deaktiviert werden kann, um heikle Inhalte (neben Sexualität zum Beispiel auch Gewalt oder Kraftausdrücke) automatisch rauszufiltern. Es wird, um eine etwas abgegriffene Vokabel zu verwenden, auf die Selbstverantwortung des Einzelnen gesetzt. Bei einigen Tabus besteht jedoch eine so breite Übereinstimmung über deren Notwendigkeit, dass ihr Bruch als problematisch angesehen werden muss, beziehungsweise ein Bruch des Tabus sogar rechtliche Konsequenzen mit sich bringen könnte. Ein solches Tabu betrifft die Kinderpornografie.

Um zu verhindern, dass *AI Dungeon* dafür genutzt wird, Inhalte mit sexuellen Handlungen an minderjährigen Charakteren zu erstellen, erfolgte im Frühling 2021 ein Update, das die Fangemeinschaft ordentlich durchrüttelte. Ein neues Filter- und Moderationssystem wurde eingeführt, das anders als das bereits bestehende nicht deaktiviert werden konnte und unerwünschten Inhalten einen Riegel vorschieben sollte. Damit reagierte Latitude auf eine Forderung von OpenAI, den Erfinder:innen des in *AI Dungeon* genutzten Sprachverarbeitungsmodells GPT-3, dessen CEO Sam Altman in einem öffentlichen Statement klarmachte: «This is not the future for AI that any of us want.»[191] Das liegt auch am ethischen Selbstverständnis beziehungsweise Unternehmensziel von OpenAI, das auf ihrer Homepage nachgelesen werden kann: «Our mission is to ensure that artificial general intelligence benefits all of humanity.»[192]

Das Problem war jedoch, dass das neue Moderationssystem so strikt war, dass selbst unproblematische Inhalte automatisch geblockt wurden. Gleichzeitig wurde eine bei den Fans sehr beliebte Funktion aus dem Spiel genommen, mit der man seine eigenen Geschichten und Szenarien mit anderen User:innen teilen konnte; und überhaupt wurde das Spiel um die meisten Communityfunktionen beschnitten. Vor allem aber geschahen diese Änderungen ohne vorherige Information seitens des Entwicklerstudios, so dass sich die Community, die für die Nutzung des Spiels teils teures Geld zahlt, vor den Kopf gestossen fühlte. Die erst später gelieferte Begründung, dass damit insbesondere problematischen

---

191 Simonite 2021.
192 About OpenAI, https://openai.com/about.

Inhalten wie Geschichten mit sexuellen Handlungen an minderjährigen Charakteren die Plattform entzogen werden soll,[193] wurde als eine vorgeschobene wahrgenommen. Gleichzeitig entstanden Bedenken bezüglich der Privatsphäre und Sicherheit der User:innen, weil das Update den Entwicklern erlaubte, grundsätzlich jedes *AI Dungeon*-Abenteuer einzusehen, selbst die privaten beziehungsweise unveröffentlichten Stories. Der White-Hat-Hacker[194] AetherDevSecOps veröffentlichte diesbezüglich einen GitHub-Report, in dem er ein Sicherheitsleck nachweisen konnte, das sämtliche unveröffentlichte Abenteuer, Szenarien und Posts in Gefahr bringen würde, geleakt zu werden,[195] was die zunehmend gehässige Diskussion um die jüngsten Anpassungen weiter befeuerte. Vor allem aber sahen die Spieler:innen durch das neue Moderationssystem genau jenes Element in Gefahr, das ihre Faszination für *AI Dungeon* erst ausmachte: die Möglichkeit, absolut alles schreiben beziehungsweise schreiben lassen zu können. In einem sehr ausgewogenen Artikel bringt die Künstlerin, Bloggerin und *AI-Dungeon*-Fan Aini das Kernproblem auf den Punkt: «Now any player's story can potentially get broken if the filter is triggered, regardless of content.»[196]

Mit der Zeit wurden weitere Anpassungen am Moderationssystem vorgenommen, so dass der Filter heute nicht mehr ganz so schnell anzuschlagen scheint, doch der Schaden war – auch aufgrund der unglücklichen Kommunikationsstrategie von Latitude, die sich vor allem durch Schweigen und fehlende Transparenz auszeichnete – bereits angerichtet. Die User:innen wandten sich massenhaft von der Plattform ab und fanden Zuflucht in vergleichbaren Projekten wie *Holo AI*,[197] *NovelAI*[198] oder *Dreamily*,[199] deren Benutzerzahlen in der Folge explodierten. Der Unmut der Community schlägt sich zudem in vielen negativen Rezensionen nieder. Im Google Play Store zum Beispiel sackte die Bewertung von *AI Dungeon* in den Keller und beträgt zu diesem Zeitpunkt (Juli 2021) nur noch 2,1 von 5 Sternen; und die Kritik an Latitude scheint kaum nachzulassen.

In einem gewissen Sinne schliesst sich hier wieder der Kreis: Während bei der Interactive Fiction der Siebziger- und Achtzigerjahre das Ideal des wirklich freien Erzählens nicht erreicht werden konnte, weil die Beschränkungen des Codes

---

193 Vgl. den Blogpost des Latitude-Teams vom 27. April 2021, https://latitude.io/blog/update-to-our-community-ai-test-april-2021.
194 Damit sind Personen gemeint, die Sicherheitslücken in fremden Systemen aufspüren; allerdings nicht, um selbst Profit oder Nutzen daraus zu ziehen, sondern um den Besitzern dieser Systeme die Möglichkeit zu geben, die Sicherheitslücken zu schliessen. Vgl. Sinha, Arora 2020.
195 AetherDevSecOps 2021.
196 Aini 2021.
197 Zu finden unter https://writeholo.com.
198 Zu finden unter https://novelai.net.
199 Zu finden unter https://dreamily.ai.

dies schlicht nicht zuliessen, fällt die erzählerische Freiheit bei *AI Dungeon* nicht einem Zuwenig, sondern einem Zuviel an Daten zum Opfer. Künstliche neuronale Netzwerke wie GPT-3 sind erbarmungslos in ihrem Entblössen menschlicher und kultureller Defizite; alles, aber auch wirklich alles, kann und wird von ihnen reproduziert. Eine solche KI zu säubern, würde bedeuten, zuerst einmal das menschliche Denken zu säubern. Eine Vorstellung, die gefährlich zwischen Utopie und Dystopie schwankt.

The Next Rembrandt: Der Künstler im Zeitalter seiner digitalen Reproduzierbarkeit

> «Wir wissen alle, dass Kunst nicht Wahrheit ist. Kunst ist eine Lüge, die uns die Wahrheit begreifen lehrt, wenigstens die Wahrheit, die wir als Menschen begreifen können.»
>
> Pablo Picasso: Wort und Bekenntnis. Zürich 1954, 9.

Wenn Menschen ausserordentliche Leistungen vollbracht haben, sei es in Kunst, Wissenschaft oder Politik, so wird oft davon gesprochen, dass sie sich durch ihr Werk unsterblich gemacht hätten. Gemeint ist damit selbstverständlich nicht das tatsächliche Überwinden der biologischen Grundkonstante, dass jeder menschliche Körper von Geburt an auf seinen Zerfall, sprich seinen Tod, hindrängt, sondern dass ihre Leistungen auch von zukünftigen Generationen bewundert, diskutiert oder zum Vorbild genommen werden. Dahinter verbirgt sich, unter anderem, die klassische Dichotomie von Körper und Geist beziehungsweise der romantische Wunsch danach, dass der Geist oder die Seele eines Menschen als Idee auch dann weiterleben möge, wenn deren Hülle längst wieder zu Erde geworden ist.

Einer dieser Menschen, die sich in den Augen der Gesellschaft – verkörpert durch Kunsthistoriker und -sammler:innen, Niederlandisten und Philosoph:innen, einfachen Bürgern und Kreativen – unsterblich machte, ist der aus dem südholländischen Leiden stammende Maler, Radierer und Zeichner Rembrandt Harmenszoon van Rijn, meist nur Rembrandt genannt. Er gilt bis heute als herausragendes beziehungsweise als *das* herausragende Beispiel der niederländischen Kunst während des sogenannten goldenen Zeitalters[200] und als Meister des Chiaroscuro, der Hell-Dunkel-Malerei.[201] Aber so lebendig Rembrandt in den Köpfen der Menschen auch geblieben sein mag, ändert das nichts an der Tatsache, dass der bis dahin als sehr produktiv geltende Künstler seit seinem (körperlichen) Tod im Oktober 1669 kein einziges neues Bild mehr gemalt hat, weshalb seine sehnsüchtige und unersättliche Fangemeinde seither gezwungen ist, auf die immer gleichen

---

200 Vgl. Broos 2000, 166.
201 Encyclopædia Britannica 2019.

ungefähr 350 Gemälde zu rekurrieren, die nach heutigem Erkenntnisstand nachweislich von Rembrandt selbst gemalt wurden.

Es ist die Aufgabe der Werbeindustrie, solche Sehnsüchte ausfindig zu machen und deren emotionales Potenzial dafür zu nutzen, ihre Kund:innen in möglichst gutes Licht zu rücken. Die Amsterdamer Niederlassung der Werbeagentur J. Walter Thompson (nachfolgend JWT Amsterdam) scheint einen Nerv der Zeit getroffen zu haben, als sie im Auftrag der Grossbank ING im Rahmen des Projekts *The Next Rembrandt* die Frage stellte: «Can the great master be brought back to create one more painting?»[202]

Die digitale Nekromantie des alten Meisters

Wie bringt man einen Toten dazu, ein neues Bild zu malen? Darauf gibt es mindestens zwei korrekte Antworten. Die erste lautet: gar nicht. Die zweite: indem man ihn digitalisiert.

Am Anfang des Projekts stand nämlich nicht etwa eine leere Leinwand, sondern, einmal mehr, das Sammeln einer grossen Menge von Daten. Ein Team um JWT Amsterdam, Microsoft, die technische Universität Delft sowie die beiden Kunstmuseen Mauritshuis und Rembrandthuis (bestehend aus Datenwissenschaftlern, Softwareentwicklern, Ingenieuren und Rembrandt-Experten) untersuchten dazu mithilfe einer künstlichen Intelligenz 346 Gemälde Rembrandts, die wiederum in 168 263 einzelne Fragmente aufgebrochen wurden, was Rohdaten von etwa 150 GB entspricht.[203] Diese Daten, die «high resolution 3D scans» und nicht weiter spezifizierte «digital files» beinhalten, wurden in einem ersten Schritt von einem Deep-Learning-Algorithmus (einem neuronalen Netzwerk) hochskaliert und auf Microsofts Azure-Plattform hochgeladen.[204] Nach einer ersten KI-gestützten Analyse der Gemälde wurde schnell klar, was das Motiv für das neue «Rembrandt-Gemälde» sein sollte. Die ziemlich triviale, für mit der Kunst Rembrandts vertraute Personen beinahe komisch anmutende Erkenntnis[205] lautete, dass es sich bei einem «typischen Rembrandt» um ein Porträt eines weissen, 30- bis 40-jährigen Mannes mit Gesichtsbehaarung

---

202 The Next Rembrandt 2016.
203 The Next Rembrandt Pressroom 2016.
204 Ebd.
205 Angeblich seien die anwesenden Kunsthistoriker:innen bei der internen Präsentation dieser für sie wenig überraschenden Ergebnisse in Gelächter ausgebrochen. Berg-Fulton, Langmead, Lombardi et al. 2018, 171.

handeln muss, der schwarze Kleidung mit einem weissen Kragen und einen Hut trägt und nach rechts schaut.[206] Weiter wurde eine Software entwickelt, die Rembrandts Gemälde hinsichtlich ihrer geometrischen Proportionen und ihrer Komposition akribisch analysierte. Zudem kam ein Gesichtserkennungsalgorithmus zum Einsatz, um die einzelnen Gesichtsmerkmale wie Augen, Nase, Mund usw. in Rembrandts Porträts zu identifizieren und zu vermessen.[207] Auf der Basis dieser Daten, die dem Machine-Learning dienten, ging die künstliche Intelligenz dazu über, selber einzelne Gesichtsmerkmale im Stile Rembrandts zu generieren. Diese wurden schliesslich, ebenfalls auf der Basis der KI-gestützten, geometrischen Analyse von Rembrandts Porträts zu einem Gesicht zusammengesetzt und mit den typischen Schatten- und Lichtpartien (Chiaroscuro) ergänzt, womit die 2D-Version des Gemäldes fertig war.[208]
Um ein menschgemachtes Gemälde aber wirklich überzeugend simulieren zu können, reicht eine zweidimensionale Fläche nicht aus. Um die Pinselstriche und Farbschichten, die den originalen Gemälden erst wirklich Tiefe geben, zu simulieren, wurden mithilfe von Experten der TU Delft 3D-Scans der Porträts auf der Basis von Röntgenbildern angefertigt, «to teach a computer how to apply height, and where to apply height, like Rembrandt would».[209] Zuletzt wurde das nun dreidimensionale, aber immer noch nur als Computerdatei existierende Gemälde mit einem fortschrittlichen 3D-Drucker, «that is specially designed to make high end reproductions of existing artwork»,[210] gedruckt und so aus dem immateriellen Datenraum in die haptische Welt der traditionellen Kunstgallerien überführt. Die Nekromantie des alten Meisters war damit vollbracht. Zeit, uns das Resultat anzuschauen.

Der nächste versus der originale Rembrandt: Eine Bild- und Diskursanalyse

Die Bilder, die ich hier eingefügt habe (Abb. 10, 11 und 12) sind, naheliegenderweise, nur Fotografien beziehungsweise Scans der originalen Gemälde und nicht die eigentlichen Gemälde. In diesem Sinne schauen wir hier nicht tatsächlich *The Next Rembrandt*, das *Porträt von Herman Doomer* von 1640 und das

---

206 The Next Rembrandt Pressroom 2016.
207 Ebd.
208 The Next Rembrandt 2016, ‹Chapter 3› (www.nextrembrandt.com/chapter03).
209 Bas Korsten in The Drum 2016, 9:58–10:20.
210 ING Newsroom 2016.

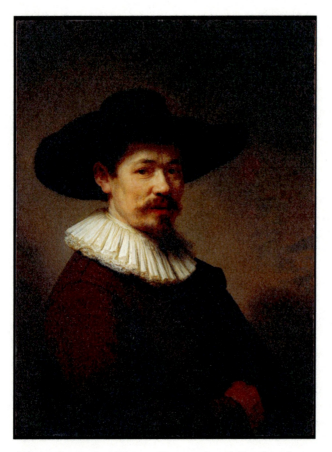

Abb. 10: Porträt von Herman Doomer (1640), Rembrandt van Rijn. Fotografie des Gemäldes im Rahmen (abgeschnitten).

Selbstporträt von 1632 an, sondern relativ niedrig auflösende Reproduktionen davon, die jeder Materialität ausser der des Computerbildschirms zu entbehren scheinen;[211] im ersten Fall ist es eine Reproduktion der Reproduktion (sofern *The Next Rembrandt* als solche bezeichnet werden kann), in den anderen beiden Fällen sind es Reproduktionen zweier Originale. Das schmälert die Aussagekraft der Eindrücke, die sich auf der Basis der Abbildungen gewinnen lassen, weshalb wir uns auf eine ästhetisch eher oberflächliche Analyse beschränken müssen und

---

211 Zur Frage der Materialität des Digitalen gehe ich später in diesem Kapitel vertiefter ein.

Abb. 11: The Next Rembrandt (2016). Fotografie des Gemäldes im Rahmen (abgeschnitten).

stattdessen vor allem den medialen Diskurs um *The Next Rembrandt* nachvollziehen wollen. Dazu soll allerdings gesagt sein, dass die populäre Rezeption von Kunst in den meisten Fällen ohnehin über Reproduktionen und nicht etwa über die Originale läuft – ein Umstand, den Walter Benjamin bereits 1936 in seinem Aufsatz über das *Kunstwerk im Zeitalter seiner technischen Reproduzierbarkeit* folgenschwer thematisierte.[212]

---

212 Vgl. Benjamin 2010.

Abb. 12: Selbstporträt (1632), Rembrandt van Rijn. Scan, ohne Rahmen.

Wüsste man nicht um seinen Entstehungshintergrund, würde man *The Next Rembrandt* wohl tatsächlich nicht auf Anhieb als digital generiertes Bild erkennen, und zumindest auf den ersten Blick dürfte – für Laien – selbst das Unterscheiden von einem echten Rembrandt schwerfallen. Dessen typische Bildsprache scheint klar erkennbar: Man beachte die Ähnlichkeit des Motivs in Bezug auf seine Kleidung und Pose sowie die Gestaltung des Hintergrunds und Licht und Schatten mit Rembrandts *Porträt von Herman Doomer* (vgl. Abb. 10). Hinsichtlich der Maltechnik und des Gesamteindrucks scheinen sich die meisten

Kunstkritiker und -historiker:innen²¹³ jedoch eher an das hellere und dynamischere Frühwerk Rembrandts von Anfang der 1630er-Jahre erinnert zu fühlen, wofür hier beispielhaft ein Scan des *Selbstporträts* von 1632 (vgl. Abb. 12) gezeigt wird.

Trotzdem ist *The Next Rembrandt* weder eine Kopie noch eine Durchschnittsversion aller Rembrandt-Porträts; so ähnlich seine Einzelteile bestehenden Rembrandt-Werken auch sein mögen, sind sie doch alle, für sich genommen wie auch in ihrer Zusammensetzung, neu:

> «According to innovation director Emmanuel Flores, it is important to remember that the final portrait does not comprise averaged-out features. […] [R]ather than taking, say, the sum of all the lips in Rembrandt's portraits and creating an average version, the software identified recurring patterns and generated new features.»²¹⁴

In diesem Sinne stellt *The Next Rembrandt* eine neuartige Form der Reproduktion dar; oder zumindest eine Form der Reproduktion, die bis vor kurzem nur durch die menschliche Hand (wie zum Beispiel jene des Kunstfälschers Wolfgang Beltracchi, der neue Bilder im Stile alter Meister malte und diese als Originale ausgab), aber nicht technisch angefertigt werden konnte: die stilistische Imitation²¹⁵ beziehungsweise «the opportunity to copy the style of an artist by reproducing a new work, in the manner of said artist».²¹⁶

Exkurs: Warum Rembrandt?

Warum wurde für das Projekt eigentlich ausgerechnet Rembrandt ausgewählt? Laut Bas Korsten, dem Executive Creative Director von JWT Amsterdam, hatte das in erster Linie pragmatische Gründe: «The reason why we chose Rembrandt, […] is [that] he is one of the best documented painters in the world. So, if you need to create something out of historic material, then you need data, you need information, you need vast amounts of them. So that's what we found in Rembrandt.»²¹⁷ Auch wenn Korsten damit einen Punkt anspricht, der essenziell für jedes KI-Projekt ist, dürfte die Datenlage kaum der einzige Grund sein, warum die Wahl auf Rembrandt fiel. Zu bedenken ist hierbei, dass es sich bei *The Next Rembrandt* um keine freie und unabhängig produzierte Spielerei wie zum Beispiel *Sunspring* handelt, sondern um einen Werbeauftrag einer Gross-

---

213 Vgl. Taylor 2016, Enge 2016, Ghosh 2016, Jones 2016.
214 Ghosh 2016.
215 Vgl. Keazor 2018, 15 f.
216 Schweibenz 2018, 16.
217 Bas Korsten in The Drum 2016, 7:40–7:58.

bank, weshalb bei der Wahl des Künstlers zweifelslos auch sein Symbolwert mit bedacht werden muss. Aus Sicht der Werbelogik ist deshalb eine weitere Frage wichtig: Wofür steht «Rembrandt» und welche Werte lassen sich durch «ihn» vermitteln?

Eine Person, die darauf Hinweise liefern kann, ist die Kunsthistorikerin und Rembrandt-Spezialistin Stephanie Dickey. Sie fasst die Breitenwirkung von Rembrandt wie folgt zusammen:

> «Rembrandt's art is a key component in any study of the Dutch Golden Age, and his membership in the canon of artistic genius is well established, but he is also a figure whose significance transcends specialist interest. Literary critics have pondered ‹Rembrandt› as a ‹cultural text›; novelists, playwrights, and filmmakers have romanticized his life, and in popular culture, his name has become synonymous with excellence for products and services, ranging from toothpaste to self-help advice.»[218]

Dass Rembrandt ausgerechnet als Name für Dinge wie Zahnpasta dient, ergibt aus historischer beziehungsweise ästhetischer Sicht nicht viel Sinn: «Why on Earth would somebody name a toothpaste after this artist who's known for his really dark tonalities?»[219] Amy Golahny merkt zudem an, dass auch der Bezug zur Finanzbranche mit dem historischen Rembrandt alles andere als inhaltlich kongruent sei, da dieser, obwohl schon zu Lebzeiten berühmt, an diversen finanziellen Problemen gelitten habe.[220] Aus diesem Grund kommen sowohl Dickey wie auch Golahny zum Schluss, dass der Name Rembrandts als kultureller Text ein Eigenleben erhalten habe, das nur sehr wenig oder gar nichts mit dem historischen Rembrandt zu tun habe. Golahny etwa differenziert zwischen sieben verschiedenen Charakteren unter dem Namen Rembrandt, mit denen in der populären Rezeption operiert werde, wobei es sich beim letzten dieser Charaktere um den «exemplary Rembrandt» handle, «who, completely separated from the historical character, connotes excellence».[221] Es ist diese vage Zuschreibung von Qualität, gepaart mit dem ausserordentlich hohen, globalen Wiedererkennungswert seines Namens,[222] der «Rembrandt» für die Werbebranche wohl so interessant macht.[223] Für die Niederlande, das Heimatland des historischen Rembrandt, dürfte das umso

---

218 Dickey 2016, 169.
219 Stephanie Dickey in Crawford 2006.
220 Vgl. Golahny 2001, 317.
221 Ebd., 318.
222 Vgl. ebd.
223 Selbstverständlich lässt sich Ähnliches auch bei anderen Künstler:innen beobachten, in der Regel allerdings nicht im gleichen Ausmass wie bei Rembrandt. Vgl. Golahny 2001, 305: «This phenomenon of use and misuse is not unique to Rembrandt; it is, however, more widely applied to him than to other artists: Durer, Rubens, Vermeer, Caravaggio, and Michelangelo all receive their share of attention in this way, but quite simply, not to the extent as Rembrandt».

mehr gelten. Indem sich die ING-Gruppe «Rembrandt» zu eigen macht, darf sie also hoffen, dass sich auch die mit dem Namen Rembrandt assoziierte Exzellenz auf sie überträgt. Die digitale Nekromantie eines Künstlers, dem ein solch hohes Mass an handwerklicher Meisterschaft und Prestige zugeschrieben wird wie Rembrandt, dürfte das Unterfangen von JWT Amsterdam, zumindest aus Sicht eines Laien, auch in technologischer Hinsicht umso beeindruckender machen.

Ein Blick auf die Medienreaktionen auf *The Next Rembrandt*

Wie aber fiel das Urteil der Presse zum «neuen Rembrandt» aus? Zumindest in Technologie- und Marketingkreisen war das Verdikt ausgesprochen wohlwollend, was sich unter anderem dadurch zeigt, dass das Projekt mit über sechzig Auszeichnungen gekürt wurde.[224] Tim Nudd von Adweek etwa zeigt sich in der Schilderung seiner Begegnung mit *The Next Rembrandt* äusserst angetan von der Materialität und – möglicherweise etwas überraschend – der «Menschlichkeit» und Ausdruckskraft des 3D-gedruckten Porträts:

> «The draped covering is taken off. And it hits you pretty immediately. This is a completely exquisite work, and a remarkable thing to gaze at. As with any painting, the details are much more vivid in person than in photos. The brush strokes look like brush strokes. The colors and shadowing are magnificent.

Most of all – and perhaps most disconcertingly – the man looking out at you from the canvas just feels real. For a massive data project to visualize something that feels so human is extraordinary indeed.»[225]

In eine ähnliche Kerbe schlägt auch Holger Volland in seinem Buch *Die kreative Macht der Maschinen*:

> «Je länger ich ihn ansah, umso lebendiger wirkte der Mann auf mich. Hatte sein Mund nicht mittlerweile einen leicht spöttischen Zug angenommen? Blitzten seine Augen nicht ein bisschen hochnäsig? Konnte es sein, dass sich dieses Bild gerade darüber lustig machte, dass ich es so fasziniert anstarrte?»[226]

Was diese Zitate zeigen, sind ein Umgang mit *The Next Rembrandt*, der sich kaum von der Logik der Rezeption menschgemachter Kunstwerke unterscheidet. Dem Werk wird genauso eine Fähigkeit zur Evokation von Gefühlen attestiert wie einem handgemalten Porträt.

---

224 Dutch Digital Design 2018.
225 Nudd 2016.
226 Volland 2018, 11.

Berücksichtigen wir das Feedback der Kunstkritiker, zeigt sich jedoch ein ganz anderes Bild. Jonathan Jones von der britischen Zeitung *The Guardian* verfasste eine regelrechte Wutschrift gegen das Werbeprojekt: Es handle sich beim digitalen Rembrandt um blosse «surface trickery»: «What a horrible, tasteless, insensitive and soulless travesty of all that is creative in human nature.»[227] Überhaupt sei es nicht «style and surface effects that make [Rembrandt's] paintings so great but the artist's capacity to reveal his inner life and make us aware in turn of our own interiority – to experience an uncanny contact, soul to soul».[228] Nur wer Rembrandts Leben lebte, könne überhaupt darauf hoffen, seine Kunst zu schaffen. Dabei weist er insbesondere auf die persönlichen Schicksalsschläge Rembrandts wie den Verlust seiner Frau, seines Vermögens und seines Status hin, die seine Kunst massgeblich beeinflusst hätten. «To think this most human of artists can be replicated digitally» sei eine «truly bizarre notion» und das wirklich Traurige daran sei, «that anyone would want to do so».[229]

Peter Schjeldahl vom *New Yorker* kommt zu einem ähnlichen Schluss. Er verdammt das Projekt zwar nicht als schädliche Geschmacklosigkeit, wie Jones es tut, meint aber ebenfalls: «In truth, the portrait wobbles at a second glance and crashes at a third. The sitter has a sparkle of personality but utterly lacks personhood – the being-ness – that never eluded Rembrandt. He is an actor, acting.»[230] Die Frage, wodurch sich dieser Mangel an Beseeltheit beziehungsweise «personhood» am Gemälde konkret zeigt, beantwortet weder Jones noch Schjeldahl. Was aber deutlich wird, ist: Wo Nudd und Volland die Menschlichkeit des Porträts noch explizit lobten, sah die Kunstkritik genau in diesem Bereich die grosse Schwäche von *The Next Rembrandt*. Am ausgewogensten bringt David Taylor vom Kunstmagazin *Apollo* die zentralen Punkte des kunstkritischen Diskurses um das Projekt auf den Punkt. Es handle sich um «very clever software, but not great art»:

> «This is shorthand Rembrandt, created out of information gleaned by computers from many actual Rembrandt portraits – not a psychological representation, but rather a scientific one. The cleverness is that it captures a generic look of an early Rembrandt, good enough to likely fool some visitors if it were displayed amongst Dutch portraits in a gloomy gallery. But the image fails to capture a human soul or represent nuanced emotions in a painterly outer visage – something that Rembrandt did spectaculary well throughout his long career, not least when he was portraying himself. Likewise the picture cannot address aspects of a real portrait's physicality, such as its condition or the quality of the painting within that artist's oeuvre.»[231]

227 Jones 2016.
228 Ebd.
229 Ebd.
230 Schjeldahl 2016.
231 Taylor 2016.

Was bei der Argumentation dieser drei Kunstkritiker auffällt, ist die starke Engführung eines sehr humanistischen Bildes der kreativen Person als fühlendes und denkendes Wesen mit dem kreativen Produkt. Betont werden Begriffe und Konzepte wie Seele und Biografie, insbesondere biografische «Rückschläge» (Jones), «personhood» und «being-ness» (Schjeldahl) oder Psychologie und Emotion (Taylor), was im Grunde den drei Aspekten beziehungsweise Stereotypen entspricht, die nach Verena Krieger das «Bild des Künstlers seit 1800 prägen: 1. das Schöpfen aus dem Inneren, 2. das gesellschaftliche Aussenseitertum und 3. das Leiden des Künstlers».[232] Gleichzeitig ist erstaunlich wenig darüber zu lesen, inwiefern sich das Gemälde stilistisch und technisch von einem echten Rembrandt unterscheidet. Es ist möglich, dass das daran liegt, dass Jones, Schjeldahl und Taylor schlicht keinen Zugang zum physischen *The Next Rembrandt* hatten, ohne den sich auch keine seriösen Aussagen über die malerische Technik tätigen liessen. Allerdings sahen sich offenbar auch Experten, die den 3D-gedruckten, digitalen Rembrandt nachweislich physisch vor sich sahen, dazu gezwungen, sehr ins Detail zu gehen, um die Imitation als solche (und rein auf der Basis von Beobachtungen, die anhand des konkreten Endprodukts gewonnen werden können) zu bestätigen. Der Kunsthistoriker und ehemalige Leiter des *Rembrandt Research Project*, Ernst van de Wetering, kommentierte laut Emmanuel Flores von JWT Amsterdam bei der Betrachtung des künstlich generierten Gemäldes bestimmte Fehler bei den (simulierten) Pinselstrichen: «‹He started scouting around and saying that a brush stroke here corresponded to 1652, not 1632›, Flores explains. ‹And I was thinking to myself: 'You're now in the subtlety. The higher level has been passed.'›»[233]
Einerseits mag Flores mit der Aussage nicht völlig falsch liegen, dass van de Weterings Fokus auf vermeintliche Kleinigkeiten wie einzelne Pinselstriche, falsch gesetzte Lichtpunkte oder fehlende Tränenfilme[234] dafür spricht, dass bei *The Next Rembrandt* schon einiges richtig gemacht wurde, was den ästhetischen Vergleich mit seinem menschlichen Vorbild angeht. Andererseits kann man darin auch ein Missverständnis sehen. Die Kunstgeschichte beschäftigt sich, wie der Name schon sagt, mit der Historizität von Kunst beziehungsweise Künstler:innen, weshalb ein bestimmtes Kunstwerk immer nur innerhalb des Kontexts des Gesamtwerks von Rembrandt verordnet und beurteilt werden kann. Ein anachronistischer Pinselstrich ist aus dieser Perspektive keine Kleinigkeit, sondern entweder eine Sensation (im Falle eines originalen Rembrandt-Porträts)

---

232 Krieger 2007, 44.
233 Ghosh 2016.
234 Vgl. Enge 2016.

oder eben ein klares Zeichen für die Ahistorizität oder Falschheit eines Porträts (im Falle einer Kopie oder Imitation). Zudem sind es innerhalb dieses Diskurses gerade solche Details, die bei der Wertung von Kunst ein grosses Gemälde von einem durchschnittlichen abheben. Genau genommen spielt es aber auch gar keine Rolle, wie perfekt die Imitation ist: Es reicht die simple Erkenntnis, dass das Porträt nicht von Rembrandt gemalt wurde, um es aus dem kunstbeziehungsweise künstlerhistorischen Diskurs um Rembrandt (von der Rezeptionsgeschichte oder ähnlichen Fragestellungen abgesehen) auszuklammern: «Each painting has a unique value and history; this simulation, which appeared like a deus ex machina to solve an unsolvable problem, has no history. From the Art Historian's point of view, the project offered little more than a compelling example of technological immodesty.»[235]

Es ist dieser Mangel an Authentizität, gepaart mit einer als technologistisch und simplizistisch wahrgenommenen Perspektive auf die Kunst und das dahinterstehende Genie, die zu den teilweise sehr heftigen und für Aussenstehende nicht immer nachvollziehbaren emotionalen Reaktionen seitens einiger – aber nicht aller – Kunstkritiker:innen, -historiker:innen und Rembrandt-Expert:innen führen (van de Wetering etwa nannte das Projekt «absolute Scheisse»).[236] Andererseits zeigt sich diesbezüglich in *The Next Rembrandt*, trotz seiner Imperfektion, noch ein anderer, viel beunruhigenderer und für eine genialistische Künstlerkonzeption geradezu blasphemischer Umstand: nämlich die Tatsache, dass ein Bild auf einer phänomenologischen Ebene immer nur ein Bild ist; also Farbe auf Leinwand. Genie ist kein Material oder chemisches Element, sondern eine Idee beziehungsweise ein Denkbild. Deshalb kann es sich nur durch ein Medium, aber nie durch sich selbst manifestieren; und alles Mediale ist grundsätzlich reproduzierbar.[237] Auch das Kunstwerk, als möglicher Ausdruck des Genies, ist nach Walter Benjamin schon «immer reproduzierbar gewesen».[238]

Es wäre aber zu kurz gedacht, die Tatsache der (potenziell perfekten) Reproduzierbarkeit als Zeichen für die Minderschätzung oder Entwertung des Originals beziehungsweise des originalen Künstlers zu sehen.[239] Das Verhältnis von Original und Reproduktion sowie die Folgen dieses Wechselspiels auf

---

235 Berg Fulton, Langmead, Lombardi u.a. 2018, 172.
236 Enge 2016.
237 Selbstverständlich ist diese Aussage paradox: Wenn «Genie» über eine eigene Materialität verfügen würde, womit es auf kein Medium mehr angewiesen wäre, würde «Genie» selbst reproduzierbar, was dem Geniegedanken genau zuwiderläuft.
238 Benjamin 2010, 9.
239 Vgl. Schweibenz 2018, 12.

Künstler, Kunstmarkt und den populären und akademischen Kunstdiskurs sind komplex, keineswegs eindeutig und bedürfen einer nähergehenden Analyse.

Der Künstler im Zeitalter seiner digitalen Reproduzierbarkeit

Einer der Ersten, die sich darüber Gedanken machten, was die technische Reproduzierbarkeit mit dem Kunstwerk und seiner Rezeption macht, war Walter Benjamin. Sein Essay über das Kunstwerk im Zeitalter seiner technischen Reproduzierbarkeit bleibt ein wichtiger und oft aktualisierter Referenzpunkt für die Kultur- und Medienwissenschaften und enthält zentrale Beobachtungen und Ideen, die auch für den heutigen Digitalisierungsdiskurs nützlich gemacht werden können. Es würde den Rahmen dieser Arbeit allerdings sprengen, Benjamins Essay hier in aller Vollständigkeit zu besprechen, weshalb ich mich hier auf einige wenige Kernaussagen zu den Begriffen der Aura, der Echtheit sowie des Originals beschränken möchte.

Benjamins Hauptthese ist, dass mit der Möglichkeit der technischen Reproduzierbarkeit von Kunst weitläufige Veränderungen einhergehen, was das Wesen der Kunst, ihre Rezeption sowie ihre soziale Funktion betrifft und die Einfluss auf die Gesellschaft als Ganzes haben. Nachhaltig wirksam ist dabei vor allem die Aussage, dass mit der Möglichkeit der technischen Vervielfältigung die Aura des Kunstwerks verkümmere.[240] Darunter versteht Benjamin das «Hier und Jetzt» des Kunstwerks, was den «Begriff [der] Echtheit [des Originals]» ausmache.[241] Gemeint ist damit seine Einzigartigkeit und sein Eingebettetsein innerhalb eines bestimmten Ortes und einer Zeit, was auch im Zusammenhang mit seinem «Eingebettetsein in den Zusammenhang der Tradition»[242] steht, da «[d]er einzigartige Wert des ‹echten› Kunstwerks […] seine Fundierung im Ritual» habe, «in dem es seinen originären und ersten Gebrauchswert hatte».[243]

Vereinfacht ausgedrückt: Die Echtheit und Autorität des Originals entwächst aus seiner Einzigkeit und Historizität, was beides von der modernen Reproduktionstechnik negiert werde, weil diese das quasi unendliche Vervielfachen einer Sache erlaubt und die Reproduktionen weder an einen bestimmten Ort noch an eine bestimmte Zeit oder einen bestimmten rituellen Zusammenhang gebunden sind.[244]

240 Benjamin 2010, 16.
241 Ebd., 13.
242 Ebd., 21.
243 Ebd., 22.
244 Vgl. ebd., 14–17.

Die Digitalisierung wird teilweise als logische Fortführung dieser Tendenz gesehen, da durch die digitale Reproduktion nicht nur die Räumlichkeit und Zeitlichkeit eines Kunstwerks (beziehungsweise irgendeines Mediums) verloren gehe, sondern auch seine Körperlichkeit. Natürlich gab bereits die Fotografie vor, etwas zu sein, was sie in materieller Hinsicht nicht ist: sei es ein Gemälde, Gebäude, eine Landschaft oder ein Mensch; und in geringerem Masse gilt dasselbe auch für ältere Medien wie das Gemälde selbst oder zum Beispiel Denkmäler und Statuen. Allerdings sind diese Medien immer noch körperlich in dem Sinne, dass sie zumindest an einen materiellen Träger gebunden waren und sind. Im Digitalen sei das anders: «Im Zuge von Bildtelegraphie und der nachfolgenden Digitalisierung visueller Darstellungen im 20. Jahrhundert wird das Bild des Körpers zur Summe mathematisch definierter Zustände. Das Bild des Körpers wird immateriell, es wird Information.»[245] Was Krüger aus einer post- und transhumanistischen Perspektive über visuelle Darstellungen beziehungsweise das Bild des Körpers schreibt, gilt tatsächlich für jedes Medium. Egal, ob es sich um ein Musikstück, ein Bild oder einen Text handelt: Etwas zu digitalisieren oder digital neu zu generieren, bedeutet so gesehen nichts anderes, als es aus seiner Körperlichkeit herauszulösen und in reine Information, in Daten, zu verwandeln. Sofern diese Daten überhaupt noch über so etwas wie Materialität verfügen sollten, so sei diese bei allen gleich. So zumindest lautet eine (und durchaus nicht abwegige) Sicht auf die Digitalisierung.

Gegen diese «Entmaterialisierungshypothese», wie sie Brown nennt,[246] werden jedoch diverse Einwände vorgebracht.[247] Als Hauptkritikpunkte in der medienwissenschaftlichen Debatte zählt Andreas Beinsteiner drei wesentliche Faktoren auf:[248]

Erstens handle es sich bei der Entmaterialisierungshypothese um eine «simplifizierende Gegenüberstellung von Medialität und Materialität»,[249] die auf einer «Illusion von Unmittelbarkeit»[250] beruhe, die auch bei älteren Medien – wie ich bereits angedeutet habe – nie gegeben gewesen sei. Es handle sich um ein wiederkehrendes Denkbild, das sich dadurch auszeichne, dass bei jedem Auftauchen eines neuen Mediums dem jeweils älteren Medium eine grössere Nähe zur Wirklichkeit attestiert werde, obwohl der gleiche Vorwurf jedem Medium früher oder später gemacht werde:[251]

---

245 Krüger 2019, 48.
246 Brown 2010, 51–55.
247 Vgl. Beinsteiner 2013, Abs. 2–16.
248 Ebd., Abs. 4.
249 Ebd., Abs. 5.
250 Ebd., Abs. 6.
251 Ebd., Abs. 7 f.

«One of the ironies of the digital regime (in the visual register) has been the extent to which photography and film are now reputed to have had intimate contact with the material world: at least photography has an indexical relation to its subject; at least analogical media don't translate the world into numbers and quality into quantity.»[252]

Diese Dimension des Digitalisierungsdiskurses, die nach Dominik Schrey unter dem Phänomen der analogen Nostalgie subsumiert werden könnte,[253] spielt sicherlich auch bei der Rezeption von *The Next Rembrandt* und anderen Spielarten digitaler Kreativität eine wichtige Rolle. Dazu später mehr.

Der zweite Kritikpunkt, den Beinsteiner nennt, ist relativ trivial und zielt auf das fehlende «Bewusstsein für die Materialitäten der Kommunikation selbst».[254] Darunter fasst er Einwände zusammen, die darauf hinweisen, dass auch digitale Medien sehr wohl über eine materielle Grundlage verfügen (sogenannte Hardware wie Schaltkreise, Platine, Kabel usw.) und deshalb keine Rede von einer Immaterialität des Digitalen sein könne. Dabei wird jedoch ausser Acht gelassen, dass die materielle Grundlage bei den meisten Softwareanwendungen dieselbe ist, während es zum Beispiel für ein physisches Buch als konstitutiv angesehen werden kann, dass seine Seiten eben aus Papier bestehen und nicht etwa aus Marmor wie eine Skulptur; sprich, dass analoge Medien materiell verschieden sind.[255]

Der letzte Kritikpunkt ist eher genereller Natur und zielt gegen eine im Digitalisierungsdiskurs bisweilen anzutreffende «spezielle Spielart des Technikdeterminismus, die Digitalität und Software als ontologisch immaterielle Determinanten neuer Medien auffasse».[256] Kritisiert wird weniger die Hypothese der Entmaterialisierung per se, als die übermässige Zuschreibung von Relevanz an die (Im-)Materialität neuer Medien beziehungsweise die «behauptete Unabhängigkeit [des immateriellen Bereichs] gegenüber materiellen Determinanten».[257] Andere Faktoren, wie Fragen nach den «Weisen der sozialen Aneignung und des technischen Designs»,[258] kämen dabei zu kurz.

Der französische Philosoph Bernard Stiegler entwickelte deshalb eine andere Perspektive auf die Digitalisierung, die diese nicht als Entmaterialisierung, son-

---

252 Brown 2010, 53.
253 Vgl. Schrey 2017, insbesondere 9–15, 128–220.
254 Beinsteiner 2013, Abs. 11.
255 Selbstverständlich gibt es auch hier Ausnahmen, wie zum Beispiel Stoffbücher für Kinder oder aus Buchseiten gefertigte Skulpturen, und nicht jedes digitale Medium nutzt die exakt gleichen Hardwarekomponenten.
256 Beinsteiner 2013, Abs. 14.
257 Ebd., Abs. 15.
258 Ebd., Abs. 15.

dern, in Anlehnung an Baudrillards Konzept der Hyperrealität beziehungsweise des «Hyperrealen»,[259] als Hypermaterialisierung beschreibt:

> «Was wir im Alltag erleben, ist keineswegs eine Entmaterialisierung, sondern ganz im Gegenteil eine Hypermaterialisierung: Alles wird in Information umgewandelt, das heisst in Zustände der Materie, und zwar durch die Vermittlung von Hardware und Apparaten, wodurch das Umgewandelte auf der Ebene des Nanometers und der Nanosekunde kontrollierbar wird. Dieser Prozess führt zu einer immer ansehnlicheren Ausweitung der Zustände der formtragenden Materie, auf die man Zugriff hat und welche man von nun an im unendlich Kleinen und unendlich Kurzen zu bearbeiten in der Lage ist. Das macht die Materie unsichtbar. Das Problem ist folglich nicht die Immaterialität, sondern die *Unsichtbarkeit* der Materie.»[260]

Im Falle von *The Next Rembrandt* ist die Materie tatsächlich nicht nur unsichtbar, sondern wird auf einer phänomenologischen Ebene gezielt verschleiert. Dies deshalb, weil das Kunstwerk nicht nur den Stil und die Motivik Rembrandt van Rijns reproduziert beziehungsweise imitiert, sondern durch den Einsatz der Height Map, die die unterschiedlich dicken Farbschichten und Pinselstriche eines handgemalten Gemäldes repräsentieren soll, selbst die Produktions- und Materialästhetik eines rembrandtschen Porträts zu simulieren sucht. Dieser ästhetische Kniff erlaubt es *The Next Rembrandt,* einen besonderen Platz an der Schnittstelle zwischen dem Digitalisierungsdiskurs, der kunstwissenschaftlichen Echtheitsdebatte und den romantischen Geniekonzeptionen einzunehmen. Denn was *The Next Rembrandt* mit seiner KI-gestützten Rücküberführung von Information aus der Sphäre des Hypermateriellen in die traditionelle Materialität des Gemäldes mitsamt den Spuren dessen manueller malerischer Erschaffung vorgibt zu tun, ist nicht bloss Rembrandts Kunst zu reproduzieren, sondern den Künstler Rembrandt selbst.

Dabei stellt sich ein interessanter Effekt ein: Das Bild des romantischen Künstlergenies und die angeblich grössere Wahrheitsnähe beziehungsweise Authentizität alter Medien (in diesem Fall des Gemäldes) wird gleichzeitig affirmiert und negiert, wie ich nun ausführen möchte.

---

259 Vgl. Baudrillard 1978, 8.
260 Stiegler 2010, 1006.

Von Pinselstrichen, Instagramfiltern und dem Wandern der Aura

Sprechen wir nochmals über den Pinselstrich, denn diesem kommt im Diskurs um Authentizität, Kreativität und Autorschaft eine besondere Rolle zu.
Eine mögliche Perspektive auf den Pinselstrich könnte lauten, dass es sich dabei um ein Artefakt handelt. Als Teil eines Gemäldes gehört er zwar dessen Ästhetik an, weist aber gleichzeitig auf seine Herstellung hin; er gibt zu erkennen, dass es sich beim Gemälde um etwas Gemaltes handelt, ähnlich wie das Korn oder Bildrauschen einer Fotografie zu erkennen gibt, dass es sich um eine (analoge beziehungsweise digitale) Fotografie handelt. So gesehen handelt es sich beim Pinselstrich um einen Makel, der die Illusion des Gemäldes zu zerstören droht; und tatsächlich wurde in der Geschichte der Malerei oft versucht, die Spuren des Pinsels und anderer Malwerkzeuge durch extrem feingliedriges Arbeiten und das Verwenden zahlreicher Lasuren unsichtbar zu machen, wofür die Sfumato-technik, wie sie zum Beispiel in der Mona Lisa zu finden ist, das vielleicht einleuchtendste und bekannteste Beispiel ist.[261]
Ähnlich wie beispielsweise das Filmkorn analoger Kameras, dem im Zuge der «analogen Nostalgie in der digitalen Medienkultur»[262] heute «genau jene Aura zugesprochen [wird], die Walter Benjamin […] durch die ‹technische Reproduzierbarkeit› […] verdrängt sah»,[263] indem die Imperfektion dieses Artefakts als Lebendigkeit oder Zeichen der Einzigartigkeit innerhalb jeder Reproduktion neu interpretiert wird[264] und in den digitalen Medien unter anderem als Instagramfilter eine Renaissance erlebt,[265] kann sich andererseits gerade die Sichtbarkeit und spezifische Materialität des Pinselstrichs zur Signatur eines Künstlers oder eines ganzen Kunststils entwickeln. Damit wird der Makel zu einem bedeutungstragenden ästhetischen und affektiven Prinzip. Um es in einem bekannten Ausspruch der Informatikbranche zu formulieren: «It's not a bug, it's a feature.»

---

261 Vgl. Nagel 1993.
262 Vgl. Schrey 2017.
263 Schrey 2017, 26.
264 Vgl. Schrey 2017, 26, 287 f. Wie Davis anmerkt, gilt das Gleiche auch für digitale Reproduktionen: «What begins to emerge is a fine-grained sensitivity to the unique quality of every copy, including the digitally processed photograph». Davis 1995, 385.
265 Schrey 2017, 257–265.

Die Psychologie des Pinselstrichs

Wie schon angedeutet wird Rembrandts eigene Entwicklung als Künstler teilweise ebenfalls durch die fortschreitende Sichtbarmachung des Pinselstrichs charakterisiert. So auch von dem bereits angesprochenen Kunsthistoriker und dezidierten Kritiker von *The Next Rembrandt* Ernst van de Wetering:

> «It is hard to believe that the painter of the *Jewish Bride* was also the founding father of the school of Leiden *Feinmaler*, the painters who, with invisible brushstrokes and ‹the patience of saints and the industry of ants›, took the illusionistic depictions of objects to its furthest extremes. Rembrandt began with a relatively fine technique but ended up painting in the ‹rough manner›, as it was called in the seventeenth century.»[266]

Es wäre naheliegend, diese Transformation von einem illusionistischen Stil mit seinen unsichtbaren Pinselstrichen hin zu der «rough manner», in der Rembrandts Spätwerk gehalten ist, als Abkehr von einer realistischen beziehungsweise naturalistischen Malweise zu deuten. Dabei handelt es sich um eine Ansicht, die in der Vergangenheit auch durchaus vertreten wurde. Um es in den Worten des Wegbereiters des Impressionismus, Eugène Delacroix, zu formulieren: «Viele Meister haben es vermieden, den Pinselstrich fühlen zu lassen; sie glaubten dadurch der Natur näher zu kommen, welche ja in der Tat keine Pinselstriche zeigt.»[267] Es mag darum etwas überraschen, dass es gerade das Spätwerk ist, dem in der Rezeption Rembrandts das höchste Mass an Ehrlichkeit, Wahrheit und Menschlichkeit zugesprochen wird, wie es zum Beispiel auch Jonathan Jones in seiner *The Next Rembrandt*-Kritik tut: «Yet as he lived his life and suffered, losing his wife, his fortune, his status, Rembrandt abandoned ‹style› to tell raw truth. And his paintings became ever more rugged, awkward, strange and suggestive in the process.»[268] Wie ist das möglich?

Was sich darin verbirgt, ist ein modernerer Begriff von Wahrheit, der nicht mehr auf der Nachahmung der Natur in ihrer Äusserlichkeit, sondern auf der menschlichen Natur, der Psychologie, fusst. In dieser Konstellation bekommt der Pinselstrich eine neue Funktion: Er verbindet das Gemälde direkt mit der Seele des Künstlergenies. Man kann sich das wie eine Kette von Verweisen vorstellen. Der erkennbare Pinselstrich im Gemälde verweist auf den tatsächlichen Pinsel, über den die Farbe aufgetragen wurde; der Pinsel verweist auf den Künstler (Rembrandt), der diesen bewegte; im Künstler wiederum finden wir

---

266 Van de Wetering 1997, 160.
267 Zit. nach Grosskopf 2016, 77.
268 Jones 2016.

die Innerlichkeit, das gesellschaftliche Aussenseitertum und das Leiden, wo die Kreativität beziehungsweise das Genie ihren eigentlichen Sitz haben[269] und die so gesehen den mythischen Ausgangspunkt der gesamten Malbewegung darstellen. Van de Wetering beschreibt die Wirkung des sichtbaren Pinselstrichs in der neueren Rembrandt-Rezeption wie folgt:

> «A literary quotation taken at random serves to illustrate the feelings that the visible brushstroke evoked in the first half of the twentieth century (and still does today): ‹One must see the swathes left by the brush; they are the twistings, the cries of the souls.›»[270]

Mit anderen Worten: Die Authentizität oder Aura eines Kunstwerks ist in dieser Denkkonstellation verknüpft mit der Vorstellung einer unmittelbaren Präsenz des Künstlers in seinem Werk, wofür der Pinselstrich der klarste Referent ist, gerade *weil* er den Herstellungsprozess (mitsamt der angeblichen Fundierung der Kunst in der Psyche des Genies) sichtbar macht.

Dass das Artefakt des Pinselstrichs weder ein blosses Beiprodukt dieses Herstellungsprozesses noch ein einfaches ästhetisches Stilmittel ist, sondern ein bedeutungsstiftendes Element, wird auch von *The Next Rembrandt* nicht in Zweifel gezogen, was sich daran zeigt, dass ein beträchtlicher Aufwand betrieben wurde, um Rembrandts Pinselführung möglichst perfekt zu imitieren. Damit wird auch der psychologische Diskurs um Kunst und Künstlergenie indirekt aufgenommen und affirmiert. Verkompliziert wird das allerdings dadurch, dass *The Next Rembrandt* aufzeigt, dass diese «authentische Spur» – wenn auch (noch) nicht perfekt – ebenso technisch reproduziert werden kann wie alles andere. Der Unterschied zur traditionellen stilistischen Imitation oder Fälschung liegt darin, dass am Ursprung des Pinselstrichs in *The Next Rembrandt* kein Mensch mehr steht und damit auch keine Psyche, über die Kunstlehrlinge und -fälscher (von denen stilistische Imitationen üblicherweise angefertigt werden beziehungsweise wurden) genauso verfügen wie «Genies». Ebenso wenig verweist der Pinselstrich auf den Herstellungsprozess des Bildes, da dieses ja digital generiert und dann gedruckt wurde. Der Pinselstrich in *The Next Rembrandt* ist kein Pinselstrich, da das Gemälde kein Gemälde (sprich: nicht gemalt) ist. Man könnte deshalb

---

269 Vgl. Krieger 2007, 44. Natürlich liesse sich die Kette beliebig weiterstricken: Die ‹Innerlichkeit› des Künstlergenies verweist ihrerseits auf die persönlichen Umstände Rembrandts, diese verweisen auf die sozialen, ideologischen und politischen Verhältnisse seiner Zeit, welche wiederum auf beliebig viele weitere Faktoren verweisen. Falls es einen Endpunkt dieser Kette von Verweisen gibt, muss er fast zwangsläufig bei Gott, der ‹Natur› oder einem anderen ‹alles vereinenden›, vorangeschalteten Prinzip liegen, was den metaphysischen Essenzialismus des romantischen Geniebegriffs gut veranschaulicht.

270 Van de Wetering 1997, 160 f.

argumentieren, dass die Funktion des Pinselstrichs als Referent beziehungsweise Medium, das zwischen Werk und Künstler vermittelt, erodiert wird; er auf nichts mehr ausser sich selbst verweist und das Bild so, nach Baudrillard gesprochen, zum reinen Simulakrum wird, zu einer Kopie ohne Original.[271] Damit rückt das Bild jedoch in die Nähe der Ästhetik der Fälschung, die sich ebenfalls dadurch auszeichnet, dass ihr eigentlicher Entstehungshintergrund verschleiert wird: «An essential characteristic of forgeries is […] the deception by imitation, not only the material imitation, but, above all, a simulation, through faked information, of the production and origin.»[272] Der simulierte Pinselstrich bei *The Next Rembrandt* kann dabei nicht nur als materielle Imitation, sondern durchaus auch als «faked information» interpretiert werden, da er auf einer ästhetischen und materiellen Ebene einen handwerklichen Hintergrund impliziert, der nicht gegeben ist. Auch wenn in der medialen Vermittlung der digitale Hintergrund des Gemäldes und des Pinselstrichs stets offengelegt wird, dürfte diese Assoziation zur Fälschung mitverantwortlich sein, dass *The Next Rembrandt* bei vielen Kunstkritiker:innen so negativ aufgenommen wurde.

Die Simulation des Pinselstrichs kann jedoch auch ganz anders gerahmt werden. Was die Simulation des Genies und der Aura beziehungsweise Authentizität, zwischen denen der Pinselstrich als wirkmächtiges Bindeglied dient, ebenfalls aufzeigt, ist nämlich, dass diese beiden Kategorien auch seitens des Teams um *The Next Rembrandt* weiterhin als massgebend für Kunst anerkennt werden (obwohl ihr Projekt den Gebrauch dieser Begriffe auch infrage stellt). Mit dem Bild und der Leitfrage «Can the great master be brought back to create one more painting?» wird gerade nicht, analog zum Tod des Autors,[273] der Tod Rembrandts beschworen, sondern sein ewiges Leben. Man fühlt sich vage erinnert an den hypothetischen Prozess des Mind-Uploading, den etwas bizarr anmutenden, transhumanistischen beziehungsweise technologisch-posthumanistischen Traum der «Übertragung des menschlichen Geistes, der mit Sitz der Persönlichkeit im Hirn verortet wird, auf ein anderes Medium – für gewöhnlich ein Computer oder artifizieller Körper»,[274] womit der Mensch virtuell unsterblich gemacht würde.

Zentral für mich ist aber in erster Linie, dass der Versuch, einen neuen Rembrandt mithilfe einer künstlichen Intelligenz zu generieren, nicht mit einer Geringschätzung oder Kritik des echten Rembrandt und seiner Leistungen einhergeht, sondern im Gegenteil für die grosse Wertschätzung für den Künstler

---

271 Vgl. Baudrillard 1994, 6.
272 Becker 2018, 202.
273 Vgl. Barthes 1967.
274 Loh 2018, 100.

mitsamt seinem Genie spricht.²⁷⁵ Wo der Geniediskurs bei *Sunspring* ein Stück weit subvertiert wird, indem die künstliche Intelligenz, *Benjamin*, in ironischer Weise selbst als klassisches Autorgenie inszeniert wird, zieht der Einsatz von künstlicher Intelligenz in *The Next Rembrandt* die Einzigartigkeit und Aussergewöhnlichkeit menschlicher Kunst und Kreativität weniger in Zweifel, sondern bestätigt und aktualisiert diese vielmehr. Diese unterschiedliche Inszenierung von Autorschaft zeigt sich nur schon sprachlich, indem der Begriff künstliche Intelligenz auf der offiziellen Homepage von *The Next Rembrandt* kaum verwendet wird und an seiner Stelle vom weniger anthropomorphisierenden und nüchterneren Algorithmus die Rede ist,²⁷⁶ der – obwohl mittlerweile zu einem Wort geworden, das ebenfalls allerlei Ängste schürt – weit weniger Assoziationen zu Cyborgs, humanoiden Robotern und anderen dem Menschen ebenbürtigen und potenziell bösartigen Science-Fiction-Wesen weckt. Vor allem aber führt die Beschäftigung mit *The Next Rembrandt*, wie die dazu verfassten Kritiken genauso aufzeigen wie diese Arbeit, unweigerlich zur Auseinandersetzung mit dem originalen Rembrandt, mit der Originalität Rembrandts und mit dem Begriff der Originalität ganz generell. Die Originalität verschwindet also nicht durch die Reproduktion, sondern vermehrt sich.

Das Wandern der Aura

Bruno Latour und Adam Lowe entwickelten genau zu diesem Rezeptionsphänomen die ebenso bestechende wie einfach zu verstehende These des Wanderns der Aura; das Phänomen, das erlaubt, die Aura des Originals in der Reproduktion zu erleben.²⁷⁷ Auch wenn sich ihr Aufsatz hauptsächlich mit Faksimiles und Kopien befasst und nicht mit stilistischen Imitationen, lässt sich der Text ohne Zweifel auch auf die Debatte um *The Next Rembrandt* anwenden. Latour und Lowe lehnen es ab, jede Reproduktion nur im Vergleich zum (unerreichbaren) Original zu beurteilen, sondern plädieren dafür, das Original und die Gesamtheit seiner Reproduktionen als ein Netzwerk zu sehen, deren einzelne Elemente nur in diesem Kontext betrachtet werden können und sollten:

---

275 Vgl. Schweibenz 2018, 12: «[R]eproductions contribute to the visibility of the original and increase its fame and reputation. This indicates that reproductions do not diminish the worth of the original, rather to the contrary: ‹as digital copies multiplied, it would be the original objects that would gain value›».
276 Vgl. The Next Rembrandt 2016.
277 Latour, Lowe 2010.

> «[T]he real phenomenon to be accounted for is not the punctual delineation of one version divorced from the rest of its copies, but the whole assemblage made up of one – or several – original(s) *together with* the retinue of its continually re-written biography. It is not a case of ‹either or› but of ‹and, and›.»

Eine Reproduktion ist, durch diese Brille gesehen, nichts anderes als ein Beweis für die Fruchtbarkeit (*fecundity*) des Originals, da jedes erfolgreiche Kunstwerk eine Karriere durchläuft in Form von zahlreichen Neuinterpretationen, die das Werk am Leben erhalten.[278] Diese Karriere nennen Latour und Lowe die Flugbahn (*trajectory*) eines Kunstwerks.[279] Ein Kernargument lautet deshalb, dass die Originalität eines Kunstwerks von (guten!) Reproduktionen nicht bedroht, sondern vergrössert wird: «To say that a work of art grows in originality thanks to the quality and abundance of its copies, is nothing odd: this is true of the trajectory of any set of interpretations.»[280] Sie verweisen diesbezüglich insbesondere auf die performativen Künste wie zum Beispiel das Theater, das sich dadurch auszeichnet, dass es seine Stücke immer wieder neu aufführt, sprich reproduziert: «That's the whole idea of what it is to *play King Lear*: it is to *replay* it.»[281] Dabei wird jedoch kein vermeintlicher Urzustand kopiert, wie etwa die manchmal gar nicht mehr belegbare Erstaufführung eines Stücks. Stattdessen setzt jede gute Aufführung ihre eigenen Akzente und macht Elemente des Werks sichtbar, die bisher vernachlässigt wurden, aber trotzdem als Teil des Originals selbst anerkennt werden:

> «Everything happens as if some of revivals – the good ones – had managed to dig out of the original novel traits that might have potentially been in the source, but that have remained invisible until now and are made vivid again to the mind of the spectators. So, even though it is not evaluated by its mimetic resemblance to an ideal exemplar, yet it is clear, and everyone might agree, that, because of the action of one of its late successors, the genius of Shakespeare has gained a new level of originality because of the amazing feat of this *faithful* (but not mimetic) reproduction. The origin is there anew, even though it is so different from what it was. And the same phenomenon would occur for any piece of music or dance.»[282]

In den performativen Künsten wandert die Aura also frei umher, was notwendig ist, damit das Werk überdauert. Latour und Lowe weisen aber darauf hin,

---

278 Vgl. Latour, Lowe 2010, 4. An dieser Stelle sei insbesondere auf die von Arjun Appadurai herausgegebene Essaysammlung *The Social Life of Things* hingewiesen, auf die sich auch Latour und Lowe beziehen.
279 Latour, Lowe 2010, 4.
280 Ebd., 5.
281 Ebd., 6.
282 Ebd.

dass im Falle von schlechten Reproduktionen die Fruchtbarkeit des Originals auch versiegen kann. Deshalb ist die Frage nach der Qualität der Reproduktion zentral, denn eine Überzahl an schlechten Reproduktionen kann dazu führen, dass ein Werk gar nicht mehr reproduziert wird. Wenn die Aura aber nicht mehr wandert, verschwindet diese: «Like a river deprived of its tributaries one by one until it has shrunk to the size of a tiny rivulet, the work has been reduced to its ‹original› size, that is, to very little, since it has never been copiously copied, that is, constantly reinterpreted and recast. The work has lost its aura for good.»[283]
Was in den performativen Künsten als selbstverständlich gilt, wird in den bildenden Künsten hingegen von einem Gefühl von «fakery, counterfeinting or betrayal»[284] begleitet. Beim Gemälde äussert sich dies zum Beispiel dadurch, dass ein Faksimile (und sicherlich auch andere Formen von Reproduktionen) bereits vor jeder eingehenderen Beschäftigung als minderwertig abgestempelt wird;[285] ein Phänomen, das wir auch in der kunstkritischen Rezeption von *The Next Rembrandt* nachverfolgen konnten.
Für die unterschiedliche Wahrnehmung von Reproduktionen in der bildenden Kunst sehen Latour und Lowe drei wesentliche Gründe, die einige zentrale Gedanken aus Benjamins Kunstwerkaufsatz wieder aufgreifen. Der erste Grund ist das Faktum der Reproduktion als mechanische Reproduktion. Wo beim Drama jede Neuinterpretation in der Regel «just as difficult to produce, and just as costly, as the former one»[286] ist oder gar immer teurer wird, lässt sich im Falle des Gemäldes mit jeder Handykamera eine schnelle und günstige Reproduktion anfertigen. Im Gegensatz zum Schauspiel lässt sich ein Objekt der bildenden Künste also technisch problemlos kopieren, wobei sich die Materialität der fotografischen Reproduktion selbstverständlich von der des handgemalten Gemäldes unterscheidet. Neben dem Eindruck, dass Reproduktionen von Gemälden damit nicht nur günstiger und schlechter, sondern auch einfacher zu bewerkstelligen seien, entsteht dadurch ausserdem eine technische Kluft zwischen Original und Reproduktion, die bei den performativen Künsten so nicht gegeben ist: «[…] a facsimile is discredited beforehand because it is associated with a gap in techniques of reproduction, a gap which is based on a misunderstanding of photography as an index of reality.»[287]
Dies führt uns zum zweiten Punkt, der stärkeren Assoziation zu einer räumlichen, zeitlichen und rituellen Eingebundenheit beziehungsweise eben Aura

283 Ebd., 7.
284 Ebd.
285 Ebd., 8.
286 Ebd., 7.
287 Ebd., 8.

in Originalobjekten: «One cannot help suspecting that there is in painting, in architecture, in sculpture, in objects in general, a sort of stubborn persistence that makes the association of a place, an original and some aura impossible to separate.»[288] Tatsächlich ist aber auch in der bildenden Kunst der Unterschied zwischen Original und Reproduktion nicht so klar, wie man vielleicht denken würde; denn «for paintings, too, existence precedes essence».[289] Die Notwendigkeit der Reproduktion, um ein Werk am Leben zu erhalten, zeigt sich im Gemälde beispielsweise dadurch, dass dieses restauriert, neu gerahmt, in unterschiedlichen Räumen ausgestellt, in neue narrative Muster eingebettet, anders ausgeleuchtet etc. wird.[290] In diesem Sinne ist jeder originale Rembrandt, den wir im Museum betrachten, ebenfalls eine Reproduktion von sich selbst.

Der letzte Punkt schliesslich hat mit der Qualität der Reproduktion in den bildenden Künsten zu tun, die eng verknüpft ist mit der spezifischen Materialität von Objekten. Einerseits würden allzu oft andere Formen der Reproduktion zugunsten von fotografischen Abbildungen ignoriert, welche jedoch wichtige Eigenschaften wie die Oberflächenstruktur eines Gemäldes vermissen lassen.[291] Andererseits führen auch professionell durchgeführte Restaurationen und wissenschaftliche Untersuchungen zu zum Teil irreversiblen Änderungen oder gar Beschädigungen des Originals. Latour und Lowe erinnern hierbei an die bis Ende des 20. Jahrhunderts übliche Praxis des British Museum, von ihren Objekten Gipsabdrucke anzufertigen, die mittlerweile jedoch entsorgt wurden: «Many of the moulds still contained the paint that was removed during the casting process and subsequent restorations of the originals have dramatically altered the surface and appearance of many of the objects.»[292] Dadurch kommt es teilweise zum Eindruck, dass jede Reproduktion eines Kunstobjekts mit einer Qualitätsminderung einhergeht, wobei interessanterweise gerade die neueren, digitalen Reproduktionstechniken wie 3D-Scans, die auch dem Machine-Learning der künstlichen Intelligenz hinter *The Next Rembrandt* dienten, einen Ausweg aus der Misere zeigen, da diese es erlauben, auf weit weniger invasive Art und Weise die Oberflächeneigenschaften eines Objektes zu konservieren und zu untersuchen. Überhaupt liegt im Konservierungsgedanken einer der grossen Vorteile, das Kunstwerk durch seine Reproduktionen zu rezipieren: Wenn statt des eigentlichen Originals ein Faksimile ausgestellt wird, kann das Original vor den Gefahren des Massentourismus geschützt werden und trotz-

---

288 Ebd., 10.
289 Ebd.
290 Ebd.
291 Ebd., 10 f.
292 Ebd., 12.

dem der Öffentlichkeit – wenn auch nur indirekt – zugänglich gemacht werden. Das Original kann so überdauern und seine Originalität bewahren; präzise durch die Reproduktion, die an seiner Stelle betrachtet wird und so auch seine Relevanz weiterpflegt.[293] Deshalb ist die Qualität der Reproduktion für die Originalität so wichtig, denn nur eine hochwertige Reproduktion wird als auratisch wahrgenommen (und vermag so etwaige Zugangsbeschränkungen zum Original zu rechtfertigen).

Nun können wir also zusammenfassen, was eine gute Reproduktion ausmacht beziehungsweise wie auch in der bildenden Kunst eine Reproduktion die Originalität vermehren kann, sprich die Aura zum Wandern gebracht werden kann. Die wesentlichen Elemente laut Latour und Lowe sind erstens die Zugänglichkeit, wie ich soeben geschildert habe; zweitens das Bewahren von Eigenschaften des Originals, die bei Reproduktionen oft übergangen werden, wie die Oberflächenstruktur eines Gemäldes; und drittens, was ich jedoch nicht weiter besprochen habe, kann eine Auratisierung zum Beispiel durch eine räumliche Inszenierung geschehen, die die «new version to its original location»[294] bringt (statt an die kahle Wand eines Museums, was Benjamins Aurabegriff übrigens genauso widerspricht wie die technische Vervielfältigung, weil dadurch das Kunstwerk ebenfalls aus dem «Eingebettetsein in einen bestimmten Ort und Zeit»[295] gelöst wird). Sicherlich sind dabei auch noch weitere Punkte denkbar.

Wie aber ist *The Next Rembrandt* hinsichtlich dieser Qualitätsanforderungen einzuordnen, wie ist der Umstand zu deuten, dass es sich dabei eben um kein Faksimile, sondern um ein neues Werk handelt, und wie reiht sich das Beispiel in die übergeordnete Frage nach der Ästhetik und Eigenlogik digitaler Kreativität ein? Darum soll es im nun folgenden, abschliessenden Kapitel gehen.

---

293 Latour und Lowe weisen in diesem Kontext auf die Grabkammer des Thutmosis III. hin, von der nur ein Faksimile öffentlich begangen werden kann, um die originale, für den Massentourismus ungeeignete Grabkammer vor dem weiteren Verfall zu schützen. Die Besuchenden des Faksimiles tragen so aktiv dazu bei, dass das Original fortbestehen und von einem kleinen Kreis von Wissenschaftler:innen weiter erforscht werden kann; einerseits, indem sie die originale Grabkammer schlicht nicht besuchen, andererseits, weil sie durch den Besuch des Faksimiles trotzdem in auratischer und kontextualisierender Art und Weise nachvollziehen können, was das Original schützenswert macht, und damit seine Konservierung legitimieren. Vgl. Latour, Lowe 2010, 12.
294 Latour, Lowe 2010, 11.
295 Benjamin 2010, 21.

Versuch einer Urteilsbildung: Medienwirksamer Werbestunt, Showcase technischer Möglichkeiten, wissenschaftliche Repräsentation oder eigenständiges Kunstwerk?

Statt ein Urteil streng nach Latour und Lowes Kriterien zu fällen, kann bei der Frage nach dem Wandern der Aura auch nochmals auf die einleitenden Beobachtungen zur Rezeption verwiesen werden. Grundsätzlich liess sich dabei nachvollziehen, dass die Begegnung von Kunstlaien mit *The Next Rembrandt* durchaus als auratisch bezeichnet werden kann, wie sich anhand der zitierten Eindrücke von Nudd («This is a completely exquisite work, and a remarkable thing to gaze at. […] Most of all – and perhaps most disconcertingly – the man looking out at you from the canvas just feels real»)[296] und Volland («Je länger ich ihn ansah, umso lebendiger wirkte der Mann auf mich»)[297] gut illustrieren lässt. Für die Kunstkritiker beziehungsweise -historiker Jonathan Jones («What a horrible, tasteless, insensitive and soulless travesty of all that is creative in human nature»),[298] Ernst van de Wetering («Absolute Scheisse»)[299] und Peter Schjeldahl («In truth, the portrait wobbles at a second glance and crashes at a third»)[300] blieb das Bild jedoch ein aurafreier Abklatsch; es sei eben, wie David Taylor sagt, «not a psychological representation, but rather a scientific one».[301]

Mittlerweile sollte klar geworden sein, wie es dazu kommt, dass das Urteil seitens der verschiedenen Kritikergruppen so unterschiedlich ausfällt. Selbstverständlich liegt dies auch daran, dass für das geschulte Auge die qualitative Differenz zu Rembrandts Originalen wohl tatsächlich offensichtlich ist, und für Kunstlaien weniger. Aber das ist eben nicht der einzige Grund. Der Marketingjournalist Peter Nudd und Informatiker Holger Volland entstammen nicht nur einem Hintergrund, der ohnehin weniger von einer Vorstellung genialistischer Einzelgänger:innen als von der kreativen Kollaboration geprägt ist (was einen dezidiert anderen Blick auf Kunst, Kreativität und Originalität mit sich bringt), sondern sie dürften gegenüber der Möglichkeit computergenerierter Kunst auch per se wohlwollender eingestellt sein. Für die Kunstkritik, mit ihrer anderen Konzeption von Originalität, die nur allzu oft mit «minderwertigen» Reproduktionen wie Plakaten konfrontiert wird und die nach wie vor oft das Bild des romanti-

---

296 Nudd 2016.
297 Volland 2018, 11.
298 Jones 2016.
299 Enge 2016.
300 Schjeldahl 2016.
301 Taylor 2016.

schen Künstlergenies perpetuiert, schien jedoch a priori klar zu sein, dass *The Next Rembrandt* gezwungenermassen jede Beseeltheit vermissen lassen würde. Im Vergleich zum echten Rembrandt mag das stimmen. Aber im Vergleich zu anderen Reproduktionen kann man dem Bild durchaus attestieren, einiges besser gemacht zu haben. Durch den Einsatz der Height Map findet mit der Oberflächenstruktur und Pinselführung ein Aspekt der gemalten Kunst in die Reproduktion Einzug, der bei Werbeplakaten und Fotografien schlicht nicht wiedergegeben werden kann, aber dennoch zweifelsohne wichtig ist für die Ästhetik und Materialität eines Gemäldes. Genauso wenig trifft der von Latour und Lowe geschilderte Eindruck zu, dass jede Reproduktion eines Gemäldes «so much *easier* to do»[302] als das Original und mit geringerem Aufwand von Zeit und Geld verbunden sei, was umso mehr durch die Zahlenflut betont wird, mit der das Projekt beworben wird: 18 Monate investierte Zeit, 150 GB Rohdaten, 346 Gemälde, mehr als 500 Stunden Renderingzeit, 148 Millionen Pixel.[303]

Auch was die Zugänglichkeit angeht, kann der digitale Hintergrund von *The Next Rembrandt* durchaus ein Vorteil sein. Im Grunde ist es möglich, das Werk exakt identisch und so oft man will erneut (und dreidimensional) zu drucken, womit zumindest in der Theorie auch einiges an Zugangshürden zum Medium des Gemäldes in seiner Körperlichkeit abgebaut werden; statt eine flache, fotografische Reproduktion eines Originals zu betrachten, könnte stattdessen die 3D-gedruckte Repräsentation von Rembrandts Kunst in Form von *The Next Rembrandt* beliebig oft und an beliebig vielen Orten erlebt werden. Das jedoch macht nur Sinn, wenn die Repräsentation auch tatsächlich repräsentativ ist. Hier muss allerdings ein klares Fragezeichen gesetzt werden. Es ist tatsächlich so, dass das Gemälde auf der Basis von langjährigen, wissenschaftlichen und interdisziplinären Untersuchungen von Rembrandts Kunst erfolgte, was laut Bas Korsten der Grund war, warum man sich gerade für diesen Künstler und nicht für einen anderen entschieden habe[304] – der Output einer KI ist immer nur so gut wie ihr Input. Deshalb ist das Projekt auch nicht für alle Künstler:innen problemlos wiederholbar:

> [T]he recent stunt of the Artificial Intelligence-based ‹Next Rembrandt› painting was made possible by decades of art-historical and technical research on the painter's works in the Rembrandt Research Project and could not easily be replicated for other historical artists.»[305]

Allerdings gibt es bei der Frage der Repräsentativität zwei wesentliche Probleme.

---

302 Latour, Lowe 2010, 8.
303 The Next Rembrandt 2016.
304 Vgl. Bas Korsten in The Drum 2016, 7:40–7:58.
305 Broeckmann 2019, 2.

Das erste Problem betrifft die Entscheidung, kein bestehendes Rembrandt-Werk zu kopieren, sondern ein neues Gemälde in seinem Stil anzufertigen. Darin verstecken sich gewisse Annahmen, die nicht so leicht verifizierbar sind. Die erste Prämisse ist, dass es denn auch tatsächlich einen verbindenden, objektiv erfassbaren und reproduzierbaren Stil gibt, in dem Rembrandts Kunst gehalten ist. Van de Wetering weist aber zu Recht darauf hin, dass sich die Maltechnik und Farbgebung von Rembrandts Früh- und seinem Spätwerk erheblich unterscheidet, wobei *The Next Rembrandt* auf diesen Umstand nur beschränkt Rücksicht nimmt.[306] Ein anderes Problem ist die Wahl des Motivs: Es wurden dabei einige äusserliche Merkmale ausgewählt, die rein quantitativ und in ihrer Verbindung am typischsten erscheinen für ein Rembrandt-Porträt, also «a portrait of a Caucasian male with facial hair, between the ages of thirty and forty, wearing black clothes with a white collar and a hat, facing to the right».[307] Dabei wird jedoch völlig ausser Acht gelassen, dass sowohl in kunstwissenschaftlichen Untersuchungen wie auch in der Kunstrezeption in der Regel genau nicht von einem Idealtypus ausgegangen wird, sondern jedes Werk für sich analysiert und erst anschliessend in den Gesamtkontext eingefügt wird; was typisch ist, ergibt sich ergo nur aus der Summe der Einzelwerke, bleibt aber auch dann nicht zuletzt eine Frage der Kriterien, die dafür ausgewählt werden, um das Typische zu bestimmen. Dieser Prozess wird hier umgekehrt.

Das zweite Problem betrifft die mediale Vermittlung von *The Next Rembrandt*. Auch wenn das Gemälde tatsächlich existiert, scheint die Rezeption aus Gründen des einfachen Zugangs doch vielmehr über die Werbefilme zu laufen, die für das Projekt angefertigt wurden, als über das Bild selbst. Die Werbefilme jedoch informieren zwar über den komplexen technischen Hintergrund und die zum Einsatz gekommene Height Map, sind aber wegen ihrer Medialität als Film gar nicht selbst in der Lage, die spezifische Materialität von *The Next Rembrandt* unmittelbar wiederzugeben. Das bedeutet, dass das Problem der Zweidimensionalität fotografischer Reproduktionen, die der Körperlichkeit des Originals nicht gerecht werden, einfach weiterläuft.

Vor diesem Hintergrund erscheint *The Next Rembrandt* dann doch eher als medienwirksamer Werbestunt denn als gelungene Repräsentation. Seine Wirkung beruht nicht zuletzt auf dem Staunen über die als erhaben erscheinende Technologie. Trotzdem würde ich dem Experiment nicht jeden Wert absprechen: Zumindest Teile der Rezeption zeugen durchaus von der Möglichkeit eines affektiven Zugangs zu dem KI-generierten Kunstwerk, die sich kaum vom

---

306 Vgl. Enge 2016.
307 The Next Rembrandt 2016, ‹Chapter 2›, www.nextrembrandt.com/chapter02.

auratischen Erleben eines menschlichen Kunstwerks zu unterscheiden scheint. Zudem kann *The Next Rembrandt* auch als technisches und wissenschaftliches Experiment angesehen werden, das es erlaubt zu überprüfen, wie akkurat gewisse kunstwissenschaftliche Vorstellungen von Rembrandts Kunst sind und wie gut die Technologie darin ist, diese Vorstellungen in Form eines neuen Gemäldes zu reproduzieren.

Was *The Next Rembrandt* besonders interessant macht, sind dessen Implikationen für den Begriff der Originalität. Laut Latour und Lowe sind «facsimiles, especially those relying on complex (digital) techniques, […] the most fruitful way to explore the original and even to help re-define what originality actually is», und auch wenn es sich beim vorliegenden Beispiel weder um ein Faksimile im engeren Sinne noch um eine perfekte stilistische Imitation handelt, ist ihre These auch für *The Next Rembrandt* nicht völlig abwegig. Der Begriff der Originalität wird dem Projekt aber auch zum Verhängnis: *The Next Rembrandt* ist gewissermassen, obwohl das Bild durchaus eine Möglichkeit ästhetischer Erfahrung darstellt, zu wenig originell (sprich, zu nahe an Rembrandt), um wirklich als eigenständige Kunst anerkannt zu werden, aber gleichzeitig auch zu originell, um, im Sinne Latours und Lowes, anhand des KI-Gemäldes Rembrandts originale Kunst erlebbar zu machen.

Als abschliessender Gedanke sollte eines noch angesprochen werden: Im Versuch, den Künstler Rembrandt (statt ein spezifisches Kunstwerk Rembrandts) zu reproduzieren, steckt nicht zuletzt eine Art Rekurrieren auf den Meister in seiner doppelten Bedeutung: Künstler und Lehrer.

> «By copying, a young artist learned the manual techniques of artistic execution, and even the pasticcio or the working in the style of somebody else was an accepted practice in artist's studios: the assistants of a Master very often had to execute entire paintings in his manner and therefore needed to be able to paint in the master's style.»[308]

In *The Next Rembrandt* kommt in diesem Sinne eine sehr alte und eine sehr neue Form der Reproduktion zusammen. Der Meister ist im Werk des Algorithmus insofern doch noch präsent, als die künstliche Intelligenz, wie die tatsächlichen Schüler Rembrandts, vom Meister lernte.[309]

---

308 Keazor 2018, 16 f.
309 Dieser Bezug wurde von JWT Amsterdam 2019, als sich der Tod Rembrandts zum 350. Mal jährte, in einem neuen Projekt nochmals explizit aufgegriffen, indem die Stimme, das Vokabular und der Sprachstil des historischen Rembrandts rekonstruiert wurde, um das Publikum in einer Reihe von Videos in die Techniken seines künstlerischen Handwerks einzuweihen. Vgl. ING – De Rembrandt Tutorials 2019.

Duett mit einem Schleimpilz:
Über Eduardo Mirandas Biocomputermusik

> «*Musik ist die versteckte arithmetische Tätigkeit der Seele, die sich nicht dessen bewusst ist, dass sie rechnet.*»
>
> *Gottfried Wilhelm Leibniz, aus einem Brief vom 27. April 1712 an Christian Goldbach.*

Was *Sunspring*, *AI Dungeon* und *The Next Rembrandt* trotz ihrem ganz unterschiedlichen Umgang mit ihren digitalen, kreativen Kollaborateuren gemeinsam haben, ist, dass sie beide auf einer künstlichen Intelligenz fussen, deren Output durch ihren Input im Grunde in gewissem Sinne bereits determiniert ist, auch wenn sich Ersterer durch eine Vielzahl von Ausdrucksformen äussern kann, die für sich genommen für die Anwender:innen nicht exakt vorhersehbar sind. Das grundsätzliche Problem liegt darin, dass konventionelle Computer immer in deterministischer Art und Weise funktionieren; selbst dann, wenn ein Algorithmus eine Komplexität erreicht, die den genauen Verlauf dieser Kette von Determinationen kaum mehr äusserlich nachvollziehbar macht. Eduardo Miranda jedoch, der seine akademische Rolle als Professor für Computermusik mit seiner künstlerischen Tätigkeit als Musiker und Komponist verbindet, ist der Meinung, dass «dieser randomisierte Schaffensprozess nicht schöpferisch [ist]. Was da entstehe, sagt er, sei lediglich ein Pastiche».[310] Hier kann selbstverständlich die Frage gestellt werden, inwieweit diese Charakterisierung zutrifft und ob ein Pastiche nicht ebenfalls schöpferisch sein kann, aber vorerst möchte ich die obige Aussage als Prämisse für Mirandas Arbeit so stehen lassen.

In seinem Bestreben danach, eine Form von digitaler Kreativität zu finden (beziehungsweise zu entwickeln), die aus seiner Sicht wirkliche Originalität hervorbringen kann, statt nur Bekanntes unterschiedlich erfolgreich zu simulieren, traf Miranda auf einen unerwarteten Verbündeten. Er trägt den Namen *Physarum polycephalum*[311] und ist ein vergleichsweise riesiges, einzelliges,[312]

---

310 Lobe 2018.
311 Nachfolgend *P. polycephalum*.
312 Hier fangen die Begriffsschwierigkeiten bereits an: Zwar kann *P. polycephalum* einzellig leben, schliesst sich jedoch mit anderen Zellen zusammen, um ein sogenanntes Plasmodium zu bilden,

eukaryotisches Lebewesen, das man im Deutschen auch als Schleimpilz bezeichnet, obwohl es biologisch gesehen weder zu den Pilzen noch zu den Tieren noch den Pflanzen, sondern zu den Protisten (beziehungsweise Protoctisten) gezählt wird. *P. polycephalum* wird in der Forschung oft als Modellorganismus zu Studienzwecken eingesetzt, was einerseits auf die leichte Kultivierbarkeit und die Grösse der Zelle zurückgeführt werden kann, andererseits aber auch daran liegt, dass die lebendige, gelbe Schleimmasse eine Reihe von ziemlich faszinierenden Eigenschaften und Fähigkeiten aufweist: Zum Beispiel ist der eigentlich sehr einfache Organismus in der Lage, den kürzesten Weg durch ein Labyrinth zu finden,[313] weswegen ihm auch eine Form von Intelligenz attestiert wird, die über das allgemein erwartete Mass eines Einzellers hinausgeht.[314]

Für Mirandas Versuch, sein Interesse am sogenannten Unconventional Computing für die Musikkomposition brauchbar zu machen, ist jedoch eine andere Eigentümlichkeit von *P. polycephalum* relevant. Es konnte aufgezeigt werden, dass sich die Stränge, die der Organismus in seiner Plasmodienphase zur Futtersuche bildet, in Bezug auf ihre elektrischen Eigenschaften ähnlich verhalten wie ein sogenannter Memristor.[315] Dabei handelt es sich um ein bereits 1971 von Leon Chua beschriebenes, aber erst 2008 erstmals produziertes,[316] viertes passives elektrisches Bauelement neben dem Widerstand, dem Kondensator und der Spule.[317] Der Name Memristor ist ein Kofferwort aus *memory* und *resistor*, also ein Widerstand mit Gedächtnis. Der Unterschied zu einem herkömmlichen Widerstand liegt darin, dass er «seinen Widerstand ändern [kann], abhängig von der Menge und Richtung der angelegten Spannung», weshalb «ein einziger Memristor die gleiche logische Funktion ausüben [kann] wie mehrere zusammengeschaltete Transistoren».[318] Die dadurch ersparte Rechenleistung und gewisse Ähnlichkeiten zu den Nervenzellen des menschlichen Gehirns machen den Memristor beziehungsweise «memristive neuromorphic architectures» insbesondere für die Anwendung im Bereich der künstlichen Intelligenz interessant, weil damit Aufgaben übernommen werden können, für die sonst komplizierte und

---

das vielkernig und «nicht zellulär gegliedert ist und sich amöboid bewegt und ernährt». Dabei handelt es sich zwar immer noch nur um eine Zelle, die jedoch aus der Verschmelzung mit anderen Einzelzellen entsteht. Spektrum Lexikon der Biologie, www.spektrum.de/lexikon/biologie/plasmodium/52201.

313 Vgl. Nakagaki, Yamada, Tóth 2000.
314 Vgl. Jabr 2012.
315 Vgl. Gale, Adamatzky, de Lacy Costello 2016.
316 Vgl. Strukov, Snider, Stewart et al. 2008.
317 Vgl. Chua 1971.
318 Elektronik-Kompendium 2020.

«energy consuming hardware and software algorithms» vonnöten sind.[319] Vor diesem Hintergrund wird verständlich, warum beim Schleimpilz *P. polycephalum* in Fachkreisen bisweilen sogar von einem «biological computer» die Rede ist,[320] zumal er imstande ist, eine Reihe von Aufgaben zu lösen, die man als Rechenprozesse bezeichnen kann.[321]
Wie wir sehen, haben Memristoren viel Potenzial. Allerdings sind sie auch schwierig herzustellen und erst in beschränktem Masse verfügbar. Eduardo Miranda beschloss deshalb, den Spiess umzudrehen und die Natur nicht zum Vorbild für eine Computerarchitektur zu nehmen (so wie beispielsweise das menschliche Hirn als Vorbild für neuronale Netzwerke dient), sondern biologische Komponenten selbst in eine Computerarchitektur zu integrieren. Das heisst: Er baute einen Schleimpilzprozessor, der die memristiven Eigenschaften von *P. polycephalum* dazu nutzt, überraschende Klänge und Melodien zu erzeugen, und spielte mit dem Schleimpilz ein Duett auf seinem Flügel.

Ein Dreiklang aus Mensch, Maschine und Schleim

Bei den Kompositionen, die ich thematisieren möchte, handelt es sich um Eduardo Mirandas *Biocomputer Music*, die 2015 aufgeführt wurde, sowie dessen konzeptionelle Weiterentwicklung, *Biocomputer Rhythms* aus dem Jahr 2016. Ein Ausschnitt aus der Premiere von *Biocomputer Music* und eine vollständige Aufnahme von *Biocomputer Rhythms* können auf der Vimeo-Seite von Eduardo Miranda kostenfrei angehört und betrachtet werden, wo auch kurze, erklärende Dokumentarfilme zu den zwei Werken zu finden sind.[322] Eine vollständige Audioaufnahme einer Probe von *Biocomputer Music* ist zudem auf der Soundcloud-Seite von Miranda zu finden.[323] Bei beiden Musikstücken handelt es sich um eine Art musikalisches Frage-und-Antwort-Spiel, bei dem Melodien, die Miranda in traditioneller Weise auf dem Flügel spielt, an einen hybriden Prozessor aus herkömmlichen, silikonbasierten *und* biologischen Bestandteilen (*P. polycephalum*), also an einen Biocomputer, weitergeleitet werden und der wiederum auf der Basis des Gehörten eine eigene Tonfolge auf demselben Flügel ertönen lässt, wobei im

---

319 Krestinskaya, James, Chua 2020, 6.
320 Gale, Adamatzky, de Lacy Costello 2016, 75.
321 Vgl. Mayne 2016, insbesondere 3 f.
322 Biocomputer Music – Concert 2015, https://vimeo.com/128597143; Biocomputer Rhythms – CONCERT 2016, https://vimeo.com/163673832; Biocomputer Music 2014, https://vimeo.com/111409050; Music Biocomputing 2016, https://vimeo.com/163427284.
323 Biocomputer Music 2015 (https://soundcloud.com/ed_miranda/biocomputer-music).

Fall von *Biocomputer Rhythms* das Instrumentarium um Perkussionsinstrumente ergänzt wurde. Im Grunde handelt es sich bei diesem Frage-und-Antwort-Spiel um ein in vielen Genres (wie Blues, Soul, Gospel und anderen) übliches und seit langem etabliertes Schema, worauf auch Braund und Miranda hinweisen: «This is a very traditional musical form, which originated from ecclesiastical music where the leader of a ceremony sings a prayer in alternation with a chorus.»[324] In *Biocomputer Music* und *Biocomputer Rhythms* taucht diese lediglich in anderer Form wieder auf, wobei hier anzumerken ist, dass jedes neue Musikgenre oder als innovativ empfundene Musikstück auf einer Rekombination beziehungsweise Reinterpretation älterer Stilmittel und Techniken fusst, was im Übrigen für jegliche Kunst gelten dürfte.

Braund und Miranda erklären die grundsätzliche Funktionsweise wie folgt:

> «Our system listens to the pianist and uses the memristive characteristics of *Physarum polycephalum* to generate a musical response that it plays through electromagnets placed on the strings of the piano. Such electromagnets set the strings into vibration, producing a distinctive timbre.»[325]

Der Flügel dient in diesem Experiment in artenübergreifender, musikalischer Kommunikation gewissermassen als Schnittstelle zwischen Mensch und Schleimpilz (beziehungsweise Biocomputer).

Im Folgenden möchte ich kurz genauer ausführen, wie Mirandas System konkret umgesetzt wurde, wobei ein tiefergehendes Verständnis der technischen Details für die vorliegende Arbeit nicht nötig ist, da sich meine Leitfrage mit den durch das ungewohnte Duett inspirierten Diskursen um Kreativität, Ästhetik, Originalität und Autorschaft beschäftigt, was nicht nach einer rein technologischen, sondern in erster Linie nach einer kulturwissenschaftlichen Perspektive verlangt.

Die Geburt der Musik aus dem Geiste des Einzellers

Die unten stehende Abbildung zeigt eine Szene aus der Erstaufführung von *Biocomputer Rhythms*. Sie soll einerseits dabei helfen, die konkrete Konzertsituation besser vorstellbar und die nachfolgenden Erklärungen besser verständlich zu machen, soll andererseits aber auch die visuelle Ebene der Performance hervorheben; denn dabei handelt es sich um eine weitere Ebene jeder musikalischen Live-Darbietung, die oft nur unzureichend berücksichtigt wird, aber zur ästhetischen Erfahrung während eines Konzerts ebenfalls wesentlich beiträgt.

---

324 Braund, Miranda 2016, 415.
325 Ebd., 405.

Abb. 13: Szene aus der Erstaufführung von *Biocomputer Rhythms*.

Was hierbei ins Auge sticht, ist die räumliche Ordnung der Bühne: Miranda auf der linken Seite und der Biocomputer auf der rechten Seite (rechts des aufgeklappten Laptops auf dem Tisch) sitzen sich gegenüber, wobei sie beide dem Konzertflügel zugewandt sind. Dieser wiederum stellt gleichzeitig den Mittelpunkt, wie auch das Verbindungsglied zwischen den beiden Duettpartnern dar. Einerseits wird der Flügel dabei über die Klaviatur mit Mirandas Fingern kurzgeschlossen, auf der anderen Seite ist er über die aus dem Korpus herausragenden und gut ersichtlichen Kabel mit dem Biocomputer verwoben. Bereits visuell wird damit eine Einheit oder Symbiose zwischen den drei Agenten impliziert, was später noch eine zentrale Rolle in meiner Analyse einnehmen wird. Was aber lässt sich zur eigentlichen Funktionsweise sagen?

Der eigentliche Input erfolgt über den Flügel beziehungsweise eine «adapted version of McPherson's Magnetic Resonator Piano».[326] Dieses dient gleichermassen als Musikinstrument wie als Kommunikationsmittel zwischen dem Menschen und dem auf den Namen PhyBox getauften, auf *P. polycephalum* basierenden Biocomputer. Die PhyBox wiederum, der Biocomputer, hat zwei verschiedene Modi – einen Hörmodus («listening mode») und einen kreativen Modus («generative mode») –, zwischen denen der Musiker beziehungsweise die Musikerin über eine App hin- und herwechseln kann (In Abb. 7 sieht man,

---

326 Miranda, Braund, Venkatesh 2018, 40; vgl. auch McPherson 2010.

wie Miranda diese Software gerade bedient).[327] Befindet sich das System im Hörmodus, wird die von Miranda gespielte Musik über Mikrofone aufgenommen und an die PhyBox weitergeleitet. Die PhyBox beinhaltet vier separate Biomemristoren (womit der Schleimpilz *P. polycephalum* gemeint ist), die unterschiedliche Aufgaben übernehmen. Deshalb teilt das System den musikalischen Input als Erstes in vier Datenströme auf: «one for each biomemristor: pitch, loudness, interonset interval, and duration».[328] Anschliessend werden die einzelnen Datenströme in eine Serie von Spannungsimpulsen konvertiert, die als eigentlicher Input für die Biomemristoren fungieren, was den Schleimpilz dazu veranlasst, sich auf eine bestimmte Art und Weise zu bewegen und so eine Veränderung des elektrischen Widerstands veranlasst.[329] Die resultierende Stromstärke wird gemessen und «converted back into the respective streams of data that will constitute the resulting music output»,[330] also Tonhöhe, Lautstärke, Einsatzabstand und Tondauer. Wenn das System in den kreativen Modus wechselt («generative mode»), wird diese Information in Form von MIDI-Sequenzen zurück zum Flügel geschickt, wo sie mithilfe von elektromagnetischen Aktoren, die über den Saiten platziert sind, die Saiten entsprechend zum Vibrieren bringen (in Abb. 7 zu erkennen anhand der Kabel, die in den Flügel ragen).[331] Dadurch wird – ohne Umweg über den Tastenanschlag, der normalerweise für das Flügelspiel nötig ist – die musikalische Antwort auf den Input von Miranda erzeugt. Die Antwort wird also über denselben Flügel klanglich erzeugt, mit dem Miranda den Computer befragte. Dieser unterscheidet sich in seiner Klangqualität (oder Timbre) durch den fehlenden Tastenanschlag erheblich vom gewohnten Klang eines Flügels, wodurch der Flügel, in Mirandas Worten, eine doppelte Identität gewinne:

> «The motivation for preparing the piano with the electromagnetics stems from the composer's desire to give the piano a dual identity: one characterized by standard piano sounds, which are produced by activating hammers to strike strings, and the other characterized [by] the somewhat other-worldly sounds produced by vibrating the strings by means of electromagnets.»[332]

Bei *Biocomputer Rhythms* können zudem, dem gleichen Prinzip folgend, mit einer gewissen Wahrscheinlichkeit sechs verschiedene Perkussionsinstrumente

---

327 Miranda, Braund, Venkatesh 2018, 40 f.
328 Ebd., 35.
329 Ebd.
330 Ebd.
331 Wichtig ist dabei, dass die Elektromagneten die Saiten nicht berühren, so dass die Saiten weiterhin frei schwingen können.
332 Miranda, Braund, Venkatesh 2018, 40.

zum Erklingen gebracht werden, «a tam-tam, a snare drum, a suspended cymbal, a metal washer inside a colander, and a disposable foil tray».[333] Der Grund, warum Miranda beschloss, das System um Perkussionsinstrumente zu ergänzen, war rein musikalisch motiviert, um noch mehr klangliche Abwechslung in die Komposition zu integrieren; gleichzeitig ergänzten sie das Werk aber auch unbeabsichtigt um eine interessante, visuelle Komponente: «They looked as if they were played by an invisible, or disembodied, entity on stage.»[334]
Da es sich bei den genutzten Biomemristoren um Lebewesen handelt, die natürlicherweise von Organismus zu Organismus (und auch innerhalb jedes einzelnen Organismus) eine gewisse zufällige Varianz hinsichtlich ihrer memristiven Eigenschaften aufweisen, ist der Output Mirandas Biocomputer aber auch weniger vorausschaubar als der Output eines Computers aus herkömmlichen elektrischen Komponenten. Das führt dazu, dass sich keine Aufführung von Mirandas Kompositionen exakt gleich anhört, weil der musikalische Output des Schleimpilzcomputers jedes Mal ein leicht anderer ist. Diese Eigenschaft macht Biomemristoren in Form von *P. polycephalum* für die meisten technischen Anwendungen weitgehend unbrauchbar, im Falle der Musik jedoch sorgt es für Resultate, die durchaus erwünscht sind; der ästhetische Effekt, der sich dabei einstellt, gibt dem Schleimpilz den Anschein der Improvisation: «From an electrical engineering perspective, the non-standard nature of Physarum components would likely be detrimental to most applications. However, in regards to our musical interests in Physarum memristors, such variation can be desirable and even sought after.»[335]
Und es ist dieses kontingente Element, das sich in gewissem Sinne gar als Kreativität interpretieren lässt: «For Miranda, the most interesting thing about biological memristors is that they are not as precise as silicon-based digital ones. The mold's electrical output is related to the input in ways that can be hard to predict. He considers it a ‹creative processor›.»[336]
Was den Bioprozessor gemäss Miranda kreativ macht, ist seine schwammige Positionierung zwischen seiner physikalischen Gesetzmässigkeit und der biologischen Aleatorik seiner Komponenten. Ähnlich wie bei einer Schneekugel, deren einzelne Partikel bei jedem Schütteln in anderer Weise zu Boden fallen, aber durch die Begrenzung der Glashülle über einen formbestimmenden äusseren Rahmen verfügt, lassen sich seine charakteristischen ästhetischen Effekte unbegrenzt wiederholen, obwohl keine zwei Wiederholungen jemals exakt gleich sein werden. Bei diesem Widerspiel aus Ordnung und Zufälligkeit, das ich

333 Ebd.
334 Ebd.
335 Braund, Sparrow, Miranda 2016, 767.
336 Miller 2019, 183.

bereits bei *Sunspring* in Bezug auf den *Homo ludens* thematisierte, handelt es sich im Kern um denselben symbiotischen Dualismus, den Nietzsche als «Duplicität des Apollinischen und Dionysischen»[337] bezeichnete. In einem Interview mit Miriam Richter vom *Computer Music Journal* sagt Eduardo Miranda, dass auch sein künstlerisches Selbstbild von dieser Vorstellung geprägt sei: «Although it dates from the 19th century, I identify my own creative process with this notion. One side of me is very methodical and objective, keen to use automatically generated music, formalisms, and models. Conversely, another side of me is more intuitive and metaphorical.»[338]

Auch wenn Nietzsche sowohl das Apollinische wie auch das Dionysische als «künstlerische Mächte» beschreibt, die «aus der Natur selbst, ohne Vermittelung des menschlichen Künstlers, hervorbrechen»,[339] ist seine bis heute einflussreiche Konzeption dieser beiden schöpferischen Prinzipien stark von Zuschreibungen geprägt, die andernorts im Rahmen der Natur-Kultur-Dichotomie getroffen werden (wobei das Apollinische für die Kultur, das Dionysische für die Natur steht).[340] Nietzsches Stellvertreterdualismus des Apollinischen und Dionysischen bietet sich als Verweis bei der Analyse von *Biocomputer Music* und *Biocomputer Rhythms* aber gerade darum an, weil er die beiden Kategorien nicht gegeneinander ausspielt oder in eine klare Wertungshierarchie stellt, in der dem Apollinischen (beziehungsweise der Kultur) eine Vormachtsstellung zugeschrieben würde, sondern die zwei Prinzipien zu vereinen versucht. Dabei handelt es sich um eine ähnliche Absicht, die auch Miranda in seinen Kompositionen verfolgt, indem er ein Lebewesen in einen Computer integriert. Die Dichotomie von Natur und Kultur (beziehungsweise von natürlich und künstlich) wird verkompliziert und ihre Grenzziehung infrage gestellt, wodurch auch Begriffe wie Kunst (die nicht nur von Aristoteles als mimetisch, die Natur nachahmend, verstanden wird)[341] und Kreativität neu verhandelt werden.

Der Biocomputer als natürliche künstliche Intelligenz

Wie tief die Natur-Kultur-Dichotomie im zeitgenössischen Denken nach wie vor verankert ist, zeigt sich nicht zuletzt daran, wie absurd der Begriff anmutet, den Miranda seinem neuartigen Computersystem gegeben hat: Er bezeichnet

---

337 Nietzsche 1878, 1, www.nietzschesource.org/#eKGWB/GT-1.
338 Richter 2018, 18.
339 Nietzsche 1878, 2, www.nietzschesource.org/#eKGWB/GT-2.
340 Vgl. Smudits, Parzer, Prokop et al. 2014, 49.
341 Vgl. Küpper 2009.

seine Biomemristoren als «natural AI» beziehungsweise NAI (teilweise auch in der Schreibweise n-AI),[342] also als natürliche künstliche Intelligenz. Was im ersten Augenblick wie ein Widerspruch klingt, ist bei näherer Betrachtung eine ziemlich adäquate Umschreibung des Systems, das bei *Biocomputer Music* und *Biocomputer Rhythms* zum Einsatz kommt, denn «biological systems appear to perform intrinsic computation to some degree».[343] Vor allem aber konfrontiert das Postulat einer natürlichen künstlichen Intelligenz einige grundlegende Kritikpunkte oder Vorurteile gegenüber der Kreativität von Computern mit einem gewichtigen Gegenargument.

Wie bereits bei *The Next Rembrandt* angesprochen, ist es kennzeichnend für den Diskurs um die Digitalisierung und die Computerkunst, dass «die digitalen Medien dadurch abgewertet werden, dass ihre analogen Vorgänger mit einer Art ‹ursprünglicherem› Weltbezug aufgeladen werden».[344] Es kann jedoch argumentiert werden, dass es sich dabei lediglich um eine nostalgische «Illusion von Unmittelbarkeit»[345] handelt, die einer kritischen Betrachtung nicht standhält und welche durch die neuen Medien tatsächlich erst erzeugt oder zumindest beschleunigt wurde, wie zum Beispiel Laura Marks schreibt: «Paradoxically, the age of so-called virtual media has hastened the desire for indexicality.»[346] Auch Latour und Lowe konstatieren in ihrem Aufsatz zum Wandern der Aura, das Digitale sei «associated with an increase in virtuality», wobei sie anmerken: «There is nothing especially ‹virtual› in digital techniques – and actually there is nothing entirely digital in digital computers either!»[347]

Die Grundlage der Kritik um den angeblich fehlenden Wirklichkeitsbezug neuer Medien liegt, wie sowohl Dominic Schrey wie auch Martin Doll schlüssig nachzeichnen,[348] in einer semiotischen Typologie des amerikanischen Philosophen Charles Peirce. Gemäss diesem sei ein Zeichen ein «*icon*, an *index* or a *symbol*», womit drei unterschiedliche Referenzmodi zwischen Zeichen und Bezeichnetem gemeint sind. Peirce beschreibt die drei Zeichentypen wie folgt:

> «An *icon* is a sign which would possess the character which renders it significant, even tough its object had no existence; such a lead-pencil streak as representing a geometrical line. An *index* is a sign which would, at once, lose the character which makes it a sign if its object were removed, but would not lose that character if there were no interpretant. Such, for instance, is a piece of mould with a bullet-hole in it as

---

342 Richter 2018, 20.
343 Stepney 2017, 5.
344 Doll 2012, 59.
345 Beinsteiner 2013, Abs. 6.
346 Marks 2002, 152.
347 Latour, Lowe 2010, 13.
348 Vgl. Doll 2012; Schrey 2017, 196–211.

sign of a shot; for without the shot there would have been no hole; but there is a hole there, whether anybody has the sense to attribute it to a shot or not. A *symbol* is a sign which would lose the character which renders it a sign if there were no interpretant. Such is any utterance of speech which signifies what it does only by virtue of its being understood to have signification.»[349]

Die Signale älterer, analoger Medien werden gemäss dieser Perspektive als Index eingeordnet, da sie einen direkten, physischen Bezug zur Welt hätten, die neue Medien durch ihre postulierte Immaterialität angeblich nicht haben und die somit einen Zustand der Simulation und der Virtualität bilden würden – obwohl, wie bereits ausgeführt, auch digitale Medien eine materielle Basis haben und nach Stiegler eher von einer Hyper- als von einer Entmaterialisierung gesprochen werden sollte.[350]

Interessant an *Biocomputer Music* und *Biocomputer Rhythms* ist, dass der Vorwurf des geringeren Wirklichkeitsbezugs neuer Medien nicht nur sehr anschaulich und intuitiv widerlegt werden kann, sondern dass auch die Unterscheidung zwischen analog und digital (die diskursiv an die Natur-Kultur-Dichotomie gekoppelt ist)[351] erschwert wird, da Mirandas System nicht nur in dem Sinne hybrid ist, als es belebtes mit unbelebtem Material verbindet, sondern auch sowohl analoge wie digitale Signale nutzt (was sich zum Beispiel dadurch zeigt, dass die (analoge) Information des Bioprozessors in das digitale MIDI-Format übersetzt wird, das wiederum in Vibration und damit in Klang übersetzt wird). Trotzdem handelt es sich zweifelsfrei um eine Computerarchitektur, die nichts mit alten Medien zu tun hat, sondern im Gegenteil eine mögliche Zukunft des Computers darstellt, an der rege geforscht wird.[352]

Hier kann also von Simulation oder Virtualität keine Rede sein; schlussendlich ist es *P. polycephalum* selbst – als Lebewesen fest in den Denkkategorien von Natur und Wirklichkeit verankert –, das bestimmt, welcher Klang am Ende vom Flügel erzeugt wird. Selbst ohne Peirces Semiotik philosophisch widersprechen zu müssen, ist der indexikalische Bezug des musikalischen Outputs zum Verhalten des Schleimpilzes offensichtlich. Die Implikation ist hier, dass die Natur in keiner Weise nachgeahmt wird, sondern, innerhalb gewisser Schranken, selbst zu Wort kommt; eingebettet in den Schaltkreis der PhyBox posiert das Natürliche

---

349 Peirce 1991, 239 f.
350 Vgl. Stiegler 2010, 106.
351 Vgl. 2017, 361.
352 Der relevante Begriff hierzu lautet «biocomputing»; das von der EU unterstützte Forschungsprojekt «Bio4Comp» fördert beispielsweise Bestrebungen in diesem Bereich, https://bio4comp.org.

hier als Künstliches, wo das Künstliche sich gemeinhin im Gewand des Natürlichen zu präsentieren versucht.

Wie Dmitry Bulatov anschaulich auf den Punkt bringt, sind Dualismen wie natürlich/künstlich, lebendig/leblos oder Subjekt/Objekt, die die Wahrnehmung der Welt gerade auch in der (klassischen, als mimetisch verstandenen) Kunst bestimmen, nicht nur problematisch, weil sie arbiträre und simplifizierende Grenzen ziehen, wo es keine klaren Grenzen gibt, sondern auch weil sie damit Machtstrukturen zementieren, die anthropozentrisch, asymmetrisch und ungleich sind. Er schreibt:

> «The basis of the classical work of art is the depiction: a landscape, a portrait, a generic or religious theme. What emerges from this in our imagination is an extremely clear division of the world into subjects and objects, people and things. A landscape is passive: it merely exists somewhere, waiting for an intermediary, an artist who will transfer its image onto some kind of surface. The finished picture is, in turn, a passive object, waiting for the moment when an active spectator, a consumer of images, will pass its images through his perception. […] Whenever one hears ‹the living›, ‹the nonliving› always looms behind it; when one says, ‹the healthy›, it means ‹an absence of the sick›. Van Helmont asks, therefore, whether doctors know what ‹healthy› even means. The same kind of question can be applied to other concepts: the natural is always opposed to the artificial, the subject to the object, the active human to the passive material. This separation is asymmetrical and unequal: we arrange the passive things and objects that surround us in an anthropocentric way (i. e., applying our subjectness). We attribute subordinate status to objects on the sole grounds that man is the only one who exercises judgment about the world. This is a human-centered ontology that regards man as a phenomenon isolated and independent of the surrounding world and fundamentally superior to it.»[353]

Diese «human-centered ontology» sei jedoch fundamental falsch. Er plädiert deshalb dafür, wie es auch andere Autor:innen tun,[354] anstatt die Welt als «predictable machine, one devoid of the spontaneity and creativity of human nature»[355] zu denken, alternative Metaphern zu mobilisieren, die die menschliche Lebenswelt auf der Ebene von dynamischen Interrelationen verstehen, die nicht von starren Dualismen geprägt sind, sondern den Mensch und seine Umwelt als egalitäres Netzwerk mit komplexen Wechselwirkungen begreifen. «Material», schreibt Bulatov, «does not behave in predictable, machinelike ways. We often obtain unexpected results in our interactions with the surrounding world; sometimes, we may even begin to think that this is the main point of our

---

353 Bulatov 2019, 185 f.
354 Bulatov nennt hier namentlich Manuel DeLanda, Bruno Latour, Andy Pickering, John Law und Annemarie Mol. Vgl. Bulatov 2019, 186.
355 Ebd.

attempts to cognize the world.»[356] Bulatov interessiert sich deshalb, sich gedanklich an die Akteur-Netzwerk-Theorie[357] anlehnend, für Kunst, die aufzeigt, wie der Mensch in ein Spiel tritt, an dem «various living and nonliving elements and the relationships between them» in symmetrischer Art und Weise teilnehmen.[358] Mit anderen Worten: Kunst, bei der der Mensch mit dem Material interagiert, statt es im Sinne einer Subjekt-Objekt-Beziehung zu manipulieren und sich so erneut als Herrscher[359] über seine Umwelt in Szene zu setzen.

Dabei kommt er auch auf Eduardo Mirandas *Biocomputer Music* zu sprechen. Dabei handle es sich um ein Beispiel, in dem ein organischer Agent (*P. polycephalum*) zwischen den Grenzen von natürlich/künstlich sowie lebendig/leblos hin- und herpendle.[360] Was sich darin zeige, sei Kunst als ein einziger und machtsymmetrischer Prozess beziehungsweise als ein Netzwerk, «in which various entities and the relationships between them participate». Dadurch gestehe sich der Mensch auch ein, dass er innerhalb dieses kreativen Prozesses keine führende Rolle übernehme:

> «The mucous ‹listens› and ‹responds›, and its response is converted back into a current that vibrates strings. Thus arises the accompaniment, creating the conditions for the possibility of interaction. The act of creativity itself confronts us with the clear acknowledgement that we do not occupy the leading position in this kind of interaction.»

Was Bulatov beschreibt, ist eine Kreativitätskonzeption, die nicht nur dem romantischen Geniebild zuwiderläuft, sondern durchaus auch einer Reihe von aktuellen Definitionen von Kreativität, für die Begriffe wie Intentionalität und Bewusstsein nach wie vor zentral sind.[361] Gerade in der Psychologie und den Neurowissenschaften ist ein erheblicher Teil der Kreativitätsforschung darauf ausgerichtet, nach den psychologischen Merkmalen und Hirnstrukturen zu suchen, die eine kreative *Person* ausmachen. Damit wird Kreativität in erster Linie als Persönlichkeitsmerkmal, genauer als Persönlichkeitsmerkmal eines Menschen, konstituiert. Bulatov aber versteht Kreativität als einen emergenten Prozess, der nicht an einen einzelnen Agenten gebunden ist, sondern nur zwischen den Agenten eines Netzwerks in einer hierarchielosen Wechselbeziehung entstehen kann. Damit wird eine Verortung des Schöpferischen im einzelnen Menschen jedoch weitgehend hinfällig. Er begreift Kreativität als ein Phäno-

---

356 Ebd.
357 Vgl. Latour 2017.
358 Bulatov 2019, 187.
359 Dass dieser Begriff hier im generischen Maskulinum steht, ist beabsichtigt.
360 Bulatov 2019, 193.
361 Vgl. Boden 2014, 233–235.

men der Interaktion und der Kommunikation, wo leblose und nichtmenschliche Akteure in gleichem Masse beteiligt sind wie der Mensch.

Kreativität als Emergenzphänomen

Bulatovs Argumentation kann vielleicht am besten mit dem (zugegebenermassen enorm heterogenen) Begriff der Emergenz gedacht werden, also mit der Beobachtung, dass das Ganze mehr ist als die Summe seiner Teile. Die verbindende Idee aller Emergenztheorien ist, dass einem komplexen System neuartige Eigenschaften entwachsen können, die nicht unmittelbar kausal aus seinen einzelnen Elementen heraus nachvollzogen werden können: «The most basic idea in emergentism is that what emerges is genuinely *novel* (relative to the base system B). Emergence is a relative notion in the sense that a characteristic C is said to be emergent, or ‹an emergent›, when it is felt that there is an explanatory gap between C and B.»[362] Emergenz bedeutet aber nicht, dass die neuartige Eigenschaft aus dem Nichts entsteht, sondern dass die Umstände der Entstehung nicht in linearer Weise nachvollzogen werden können, im Sinne eines Auftauchens einer impliziten Eigenschaft beziehungsweise Ausdrucksform des Systems, die bisher unsichtbar blieb. In der Sichtbarmachung zuvor verborgener Eigenschaften und Formen liegt jedoch auch das Potenzial, das zugrundeliegende System zu transformieren, in dem Sinne, dass bisherige Annahmen über sein Wesen möglicherweise revidiert werden müssen.

In dieser Fähigkeit, genuin Neuartiges zu erzeugen, liegt, wie McDonough schreibt, auch die Verbindung zwischen Emergenz und Kreativität[363] oder genauer von jenen Formen von Kreativität, die Margaret Boden «exploratory creativity» und, insbesondere, «transformational creativity» nennt.[364] Daneben unterscheidet Boden noch die «combinational creativity»,[365] die mit dem Begriff der Emergenz jedoch kaum (oder zumindest nur oberflächlich) vereinbar ist. Ich möchte an dieser Stelle kurz erklären, wie Boden diese drei unterschiedlichen Kreativitätstypen definiert.

Bei der «combinational creativity» handelt es sich laut Boden um jene Form von Kreativität, die den meisten Definitionen von Kreativität zugrunde liegt.[366] Sie beinhaltet das Herstellen von «unfamiliar combinations of familiar ideas, and it

---

362 McDonough 2002, 283.
363 Vgl. McDonough 2002, 294–297.
364 Vgl. Boden 2004, insbesondere 3–6; Boden 2009, 24 f.; Boden 2014, 228 f.
365 Vgl. Boden 2004, insbesondere 3–6; Boden 2009, 24 f.; Boden 2014, 228 f.
366 Boden 2009, 24.

works by making associations between ideas that were previously only indirectly linked».[367] Als Beispiel nennt sie unter anderem poetische Bilder (wie Metaphern oder Analogien) oder die Collage in der bildenden Kunst.[368] Durch diese kreativen Assoziationen können durchaus überraschende ästhetische Effekte auftauchen, die erst durch die explizite Verbindung der verschiedenen Ideen entstehen, aber da sie auf klar definierbaren und bekannten Einzelelementen und Techniken fussen, können sie höchstens in einem weiteren Sinne (oder in Einzelfällen) als emergent bezeichnet werden. Schlussendlich basieren sie auf der Neuanordnung bekannter Elemente und fördern somit keine verborgenen Eigenschaften eines Systems zu Tage; dass sich etwa aus einzelnen sprachlichen Zeichen Analogien anfertigen lassen, ist keine zuvor unbekannte Eigenschaft des Systems Sprache. Das überraschende Element bei dieser Form von Kreativität sei «the surprise we feel on seeing something happen that, because it is statistically unusual, we didn't expect, but that we always knew (or would have allowed, if we'd been asked) to have been possible».[369]

In grundsätzlich anderer Weise funktioniere dagegen die «exploratory creativity» und «transformational creativity», die eng miteinander verwandt sind.[370]

Der generative Prozess in der «exploratory creativity» rekombiniert keine bekannten Einzelelemente, wie es die «combinational creativity» tut, sondern durchsucht einen bestehenden, «culturally accepted style of thinking, or ‹conceptual space›» nach neuen (bisher unentdeckten) Formen.[371] Als Beispiele für solche «conceptual spaces» nennt Boden «ways of writing prose or poetry; styles of sculpture, painting or music; theories in chemistry or biology; fashions in couture or choreography, *nouvelle cuisine* and good old meat and two veg – in short, any disciplined way of thinking that is familiar to (and valued by) a certain social group».[372] Ein mögliches Produkt dieses Kreativitätstyps wäre etwa eine «novel fugue or the synthesis of a new molecule within a known chemical family».[373] «Exploratory creativity» kreiert neuartige Strukturen innerhalb eines «conceptual space», ohne dessen (meist nur implizit vorhandenes) Regelwerk, das ihn sowohl definiert wie auch beschränkt, zu verändern.[374] Das überraschende Element lässt sich deshalb beschreiben als «the surprise of seeing something that

---

367 Ebd. Ein verwandtes Konzept finden wir zum Beispiel bei Arthur Koestler in Form des Begriffs der ‹Bisoziation›. Vgl. Koestler 1966, insbesondere 24–27.
368 Boden 2009, 24; Boden 2014, 228.
369 Boden 2014, 228.
370 Vgl. Boden 2014, 228.
371 Boden 2009, 25.
372 Boden 2004, 4.
373 Boden 2014, 228.
374 Vgl. Boden 2009, 25.

we didn't expect and had never even considered, but that, once it arises, we can see fit into some previously familiar pattern».[375] «Exploratory creativity» kann bereits als schwache Form von Emergenz umschrieben werden, da das kreative Produkt nicht aus einem blossen Remixing von bestehenden Elementen besteht, sondern neue Formen produziert, die eher durch eine gewisse strukturelle Ähnlichkeit mit ihrem Basissystem (oder «conceptual space») verbunden sind. Diese lassen sich jedoch weiterhin auf diskrete, systemkonforme Einheiten reduzieren (was übrigens der Definition des Wortes «digital» entspricht).

Der letzte Typus von Kreativität nach Boden ist schliesslich die «transformational creativity», bei der es sich um eine Spezialform der «exploratory creativity» handelt.

Auch bei der «transformational creativity» wird ein «conceptual space» nach neuen Formen durchsucht, doch anders als bei der «exploratory creativity» sind die Produkte dieses Prozesses genuin neuartig, in dem Sinne, als sie keiner bisherigen Definition des Systems zu entsprechen scheinen, das die neuartige Form hervorgebracht hat; die «novel structure […] even seems *impossible on first acquaintance*».[376] Wo die «exploratory creativity» zwar durchaus imstande ist, die Begrenzungen eines «conceptual space» zu erkunden und somit auch kritisch zu verhandeln, sich aber weiterhin an die Beschränkungen eines Stils oder einer Denktradition hält, werden diese Grenzen von der «transformational creativity» durchbrochen und neu gezogen. Das heisst: Das kreative Produkt der «transformational creativity» wird erst durch seine Schöpfung überhaupt denkbar, indem es gleichzeitig mit der Erforschung seines Basissystems dessen Regelwerk grundsätzlich abändert; der «conceptual space» wird transformiert.[377] Als Beispiel könnte etwa die Begründung einer neuen Kunstrichtung oder die Entdeckung der Quantenphysik dienen, die mit Einsteins allgemeiner Relativitätstheorie und anderen Teilgebieten der klassischen Physik nicht klar vereinbar ist. Der Effekt, der sich dabei einstellt, beschreibt Boden nicht als «surprise» wie bei den anderen beiden Typen von Kreativität, sondern als «the shock we experience when presented with a new idea that is seemingly not just improbable and/or unexpected, but downright *impossible*».[378] Die (konzeptuell bedingte) Unvorhersehbarkeit spielt dabei eine zentrale Rolle. Hier ist die Verwandtschaft zwischen Kreativität und Emergenz am deutlichsten: Bei beiden Kategorien werden gewisse Grundannahmen in Bezug auf ein System gebrochen, und aus diesem Bruch entwächst etwas Neuartiges, das das System dazu zwingt, seine Grenz-

---

375 Boden 2014, 228.
376 Ebd.
377 Vgl. Boden 2009, 25.
378 Boden 2014, 228.

linien neu zu ziehen, um das neuartige Element einverleiben zu können. Die Transformationen, die sich in diesem Prozess ergeben, müssen aber selbstverständlich nicht immer so fundamental sein wie bei den genannten Beispielen (die Begründung einer neuen Kunstrichtung oder die Entdeckung der Quantenphysik) und entstehen auch nicht aus dem Nichts; «[e]ven the most shocking novelties will be somehow related to an old style».[379]

In der Praxis wird man schnell merken, dass Bodens Aufteilung der Kreativität in diese drei Typen, wie es bei allen Typologien der Fall ist, etwas entschieden Artifizielles anhaftet; kaum ein konkretes Beispiel von Kreativität passt sauber und trennscharf in bloss eine dieser drei Kategorien. Als Analysewerkzeug ist ihr Modell kreativer Dreifaltigkeit jedoch durchaus nützlich.

Kommen wir nun aber zur wichtigsten Frage: Wieso ist das überhaupt alles relevant? Das Verständnis von Kreativität (oder zumindest gewissen Formen von Kreativität wie der «transformational creativity») als Emergenzphänomen stellt einen gewichtigen Grund dafür dar, weshalb im öffentlichen Diskurs Computern des Öfteren ganz allgemein jede Möglichkeit zu genuin kreativem Handeln abgesprochen wird. Wenn etwa die Aussage getätigt wird, dass ein Computer nur tut, was man ihm sagt beziehungsweise wozu er ermächtigt wurde, was impliziert, dass kreative Prozesse ein Bewusstsein beziehungsweise Autonomie verlangen,[380] steht dahinter ein Emergenzmodell der Kreativität. Emergente Prozesse sind in dem Sinne autonom, als sie durch ihr systemtransformierendes Potenzial autopoietisch funktionieren. Herkömmliche Computerprozesse und -algorithmen sind, aufgrund ihrer deterministischen Funktionsweise, dementsprechend «not considered emergent in this sense», wie Susan Stepney schreibt: «The functionality that comes out is precisely what was programmed in (unless there are bugs).»[381] Das gilt selbst für neuronale Netzwerke, wie sie bei *Sunspring* und *The Next Rembrandt* zum Einsatz kommen; zwar ist es einem Menschen unmöglich, den exakten Output dieser Algorithmen vorauszusagen, aber da sie auf der Basis der binären, deterministischen Logik von herkömmlichen, digitalen Schaltkreisen funktionieren, ist ihr Schaffensprozess gemäss dieser Kritik nicht emergent und damit auch nicht im engeren Sinne kreativ. Boden hält deshalb fest, dass die Verfechter:innen des Autonomiearguments Computern vielleicht zugestehen, dass sie «combinational» und «exploratory creativity» zumindest simulieren können, «but they typically draw the line at transformational creativity because this involves not just a new thought but a new way of thinking».[382]

379 Ebd., 229.
380 Vgl. ebd.
381 Stepney 2017, 16.
382 Boden 2014, 229.

Was dabei ignoriert wird, ist der Umstand, dass komputationale Kreativität selten sich selbst überlassen wird, sondern, wie bereits bei *Sunspring*, *AI Dungeon* und *The Next Rembrandt* gesehen, stets in ein kreatives Netzwerk eingebettet ist, dem auch menschliche und nichtmenschliche Akteure beziehungsweise Aktanten angehören, die keine Computer sind. Ähnlich wie Bulatov[383] vertrete ich dabei jedoch die Auffassung, dass es verfehlt wäre, deswegen das kreative Element ausschliesslich bei den menschlichen Akteuren des Netzwerkes zu verorten, genauso wie es verfehlt wäre, die kreative Leistung ausschliesslich dem Computer zuzuschreiben.

Das Gleiche gilt selbstverständlich auch für *Biocomputer Music* und *Biocomputer Rhythms*. Was Eduardo Mirandas Kompositionen aber von den anderen in diesem Buch behandelten Kunstprojekten unterscheidet, ist, dass Miranda das Problem des digitalen Determinismus nicht philosophisch zu beantworten oder hinter komplexen Algorithmen zu verschleiern versucht, sondern technisch zu lösen versucht. Wenn er, wie bereits in der Einleitung dieses Kapitels zitiert, sagt, dass der bei herkömmlichen KI-Projekten übliche «randomisierte Schaffensprozess nicht schöpferisch» sei, weil das, «[w]as da entstehe […] lediglich ein Pastiche» sei,[384] ist das als Zustimmung zur These zu werten, die genuine Kreativität als Emergenzphänomen versteht, wozu ein (herkömmlicher) Computer nicht fähig sei.

Das ist der eigentliche Clou an Mirandas Biocomputerarchitektur: Sie stellt einen Versuch dar, einen Computer zu kreieren, der emergente Prozesse nicht nur simulieren kann, sondern dessen Output tatsächlich emergent *ist*, einen Computer, der nicht rein deterministisch funktioniert und deshalb imstande ist, wirklich neuartige Musik zu erzeugen.

Biocomputing als «emergent computing» und dessen Folgen für die Musik

Im von Eduardo Miranda herausgegebenen *Guide to Unconventional Computing for Music* bringt Susan Stepney den Grund für das Interesse an unkonventionellen Computern für Musik und andere Kunstformen auf den Punkt: «Emergence and other forms of novelty are desirable properties of art. Art itself should be ‹open-ended›, in that new forms are constantly possible.»[385] Relevant ist hier ins-

---

383 Vgl. Bulatov 2019.
384 Lobe 2018.
385 Stepney 2017, 16.

besondere, was sie unter «open-endedness» versteht. Diese sei «defined as the ability to continually produce innovative or emergent events. Variation alone is not enough: there needs to be some kind of ‹breaking out of the box›, and then breaking out of the new box, and so on.»[386] Ein wichtiger Strang des *unconventional computing* befasst sich deshalb mit dem sogenannten *emergent computing*,[387] wozu auch Mirandas Biocomputer gezählt werden kann.

Was den Schleimpilzprozessor, im Gegensatz zu herkömmlichen Computern, emergent macht, ist das natürliche Verhalten der Plasmodienstufe von *P. polycephalum*, also die Art und Weise, wie der vielkernige, aber einzellige Schleim Netzwerke bildet, seine Gestalt verändert und sich fortbewegt. Die Plasmodienstufe von *P. polycephalum* gilt als kanonisches Beispiel von emergenten Phänomenen in biologischen Systemen, da es nicht «in terms of the simple component parts and local interactions» beschrieben werden könne; «[it] transcend[s] the individual behaviours and […] yield[s] more complex global properties of the collective».[388] Ähnlich wie das menschliche Bewusstsein als emergente Eigenschaft des Gehirns gedeutet werden kann, da das Gehirn als Ganzes Bewusstsein zu erzeugen scheint, obwohl keine einzelne Nervenzelle ein Bewusstsein aufzuweisen scheint, handelt es sich auch hierbei um eine Eigenschaft des Systems, die nur auf einer Makro-, nicht jedoch auf einer Mikroebene beobachtet werden kann (Aspekt der Irreduzibilität). Der Biomemristor kann deshalb per se als emergentes Hardware-Bauteil[389] bezeichnet werden, das aufgrund seiner Entstehung durch komplexe Interaktionen nur schwierig zu simulieren ist, und, wie es für Lebewesen typisch ist, sich in ständiger Transformation befindet, was sich wiederum auf seine memristiven Eigenschaften auswirkt und damit letztlich, im Falle meines konkreten Beispiels, auf den musikalischen Output beim Zusammenspiel mit Eduardo Miranda auswirkt, der immer wieder leicht anders ausfällt.

Wenn wir nicht nur den Biocomputer selbst, sondern *Biocomputer Music* und *Biocomputer Rhythms* als Ganzes betrachten, ergibt sich, um nochmal auf Dmitry Bulatov zurückzukommen, ein weiterer Emergenzeffekt: die spontane Entstehung eines bei jeder Aufführung neuartigen musikalischen Duetts, das sich aus der Interaktion zwischen Miranda, dem Flügel und dem Biocomputer ergibt.

Nun ist es so, dass man natürlich keine Schleimpilze braucht, um mit Computern Musik zu generieren: Es gibt zahlreiche Beispiele künstlicher Intelligen-

---

386 Ebd.
387 Ebd., 15 f.
388 Gale, Matthews, Jones et al. 2017, 185.
389 Vgl. ebd., 191.

zen, die auch, ohne auf unkonventionelle Computerarchitekturen zurückzugreifen, in der Lage sind, automatisch neue Stücke zu komponieren. Ebenfalls sollte korrekterweise darauf hingewiesen werden, dass mit jeder Interaktion zwischen Menschen und einem oder mehreren Algorithmen ästhetische Effekte entstehen, die als emergent bezeichnet werden können; zum Beispiel ist auch *Sunspring* ein Produkt komplexer Wechselwirkungen, an dem nicht nur *Benjamin*, sondern auch der Regisseur Oscar Sharp, der «writer of the writer» Ross Goodwin, die Schauspieler:innen, das Publikum und diverse andere Akteure und Aktanten in mindestens gleichem Masse beteiligt waren. In diesem Sinne sind gewisse Aspekte von Emergenz, ähnlich wie McDonough argumentiert,[390] in jedem kreativen beziehungsweise künstlerischen Prozess präsent. Dennoch gibt es in Hinblick auf die kreative Potenzialität von Mirandas Biocomputermusik einige feine, aber entscheidende Unterschiede zu «konventioneller» KI-Kunst, was die tatsächliche Neuartigkeit und Wertigkeit der dabei entstehenden kreativen Produkte betrifft.

Der Punkt ist hier, dass neuronale Netzwerke, wie sie bei *Sunspring*, *AI Dungeon* und *The Next Rembrandt* zum Einsatz kommen, ihren Input auf gewisse Muster untersuchen und diese lediglich zu reproduzieren versuchen. Auch Musik-KIs wie *AIVA*[391] oder *OpenAI Jukebox*[392] funktionieren auf diese Weise: Sie werden mit bestehenden Musikstücken gefüttert und kreieren auf der Basis dieses Inputs ein neues Musikstück im Stil von einer bestimmten Band, eines Komponisten oder eines Musikgenres. Das bedeutet aber, dass kein eigentliches «breaking out of the box» stattfindet, wie es Stepney in Bezug auf den normativen Anspruch, dass Kunst «open-ended» sein soll, für wesentlich erachtet[393] und mit der Typologie von Boden als «transformational creativity» beschrieben werden kann. Zwar kann diese Sackgasse in gewissem Sinne umgangen werden, indem die KI mit möglichst unterschiedlichen Stilen und Interpreten trainiert wird, so dass ein neuartiger Stilmix entsteht, wobei sich dann das Problem ergibt, dass der Output vielleicht mit bekannten Kategorien bricht, aber in der Regel auch sehr unmusikalisch ist. Herkömmliche KI tut sich schwer damit, aus einem Muster auszubrechen beziehungsweise in einer Art und Weise aus Mustern auszubrechen, die dennoch als künstlerisch wertvoll wahrgenommen wird, was ebenfalls ein oft angeführtes Kriterium für Kreativität und vor allem für die Kunst darstellt.[394] In gewissem Sinne konnten wir dieses Problem bereits bei *Sunspring* beobach-

---

390 Vgl. McDonough 2002.
391 www.aiva.ai.
392 https://openai.com/blog/jukebox.
393 Vgl. Stepney 2017, 16.
394 Vgl. Boden 2009, 24, 30.

ten: *Benjamins* Drehbuch, für das er mit einer Vielzahl von unterschiedlichsten Science-Fiction-Skripten trainiert wurde, mag zwar originell sein (im Sinne davon, dass es kaum etwas – im engeren Sinne – Ähnliches zu geben scheint), aber weist auch grosse Probleme in Bezug auf seine Sinnhaftigkeit auf; das Skript als Ganzes ist wirr, allzu assoziativ und inkohärent, was den anderen (menschlichen) beteiligten Akteuren ein erhebliches Mass an eigenem Einfallsreichtum abverlangte, um daraus einen Film zu machen, der auch als solcher erkennbar ist. Selbstverständlich reagiert auch Mirandas Biocomputer auf den gegebenen Input und wird so in einem gewissen Sinne von ihm determiniert (würde das Element der Determination völlig fehlen, könnte man nicht von einem Computer sprechen). Aber weil dieser Prozess aufgrund der memristiven Eigenschaften von *P. polycephalum* nonlinear abläuft beziehungsweise sich das Lebewesen ständig neu ordnet und auch nicht dafür trainiert wurde, einen bestimmten Stil zu imitieren, bleibt immer ein Element von Irreduzibilität und Unvorhersehbarkeit bestehen; kurz, von Emergenz. Die Fähigkeit zur Grenzüberschreitung ist dem biologischen System gewissermassen einprogrammiert (wie am Phänomen der Evolution gut nachvollziehbar ist). Dabei bleibt das Flügel- und Perkussionsspiel des Schleimpilzes aber, zumindest nach der Ansicht von Miranda, trotzdem immer musikalisch.[395] Ob es sich dabei um ein Werturteil handelt, das allgemein beziehungsweise von einer Vielzahl von Menschen geteilt wird, kann hier leider nicht beantwortet werden, obwohl dies eine zentrale Frage ist: «[...] since being valuable is part of the very definition of creative ideas, the identification of ‹creativity› is not a purely scientific matter but requires socially generated judgments.»[396] Die Publikumsreaktionen auf die Kompositionen geben aber durchaus zum Verdacht Anlass, dass Miranda keineswegs allein dasteht mit seiner Beurteilung des musikalischen und kreativen Potenzials des Biocomputers. Am Ende der Kurzdokumentation zu der Erstaufführung von *Biocomputer Rhythms* kommen zwei Stimmen aus dem Publikum zu Wort, die ich hier auszugsweise zitieren möchte. Selbstverständlich kann diesen Einzelmeinungen kein Anspruch auf Repräsentativität eingestanden werden, zumal in der Dokumentation keine kritischen Stimmen zu Wort kommen, aber die individuelle und subjektive Wahrnehmung der beiden Personen zeigt dennoch in interessanter Weise auf, in welchen Kategorien sie über die Aufführung nachdenken und welche Gedankenräume hier neu ausgemessen werden.
Auffallend ist, dass beide Personen den Aspekt der Neuartigkeit von *Biocomputer Rhythms* betonen. Ein Mann bezeichnet die Komposition als «clearly pionee-

---

395 Vgl. Miller 2019, 184 f.
396 Boden 2009, 30.

ring»,³⁹⁷ während eine Frau sagt: «It almost defies description.»³⁹⁸ Sie gestehen Mirandas Werk also zu, dass es in keine gängigen Kategorien sauber hineinpasst, was Boden als typisch ansieht für die Reaktion auf Beispiele von «transformational creativity»,³⁹⁹ in denen ein «conceptual space» neu definiert wird. Der Mann meint zudem, dass es sich um eine «most listenable performance» handle, «it was not something that put you off listening, but rather drew you in».⁴⁰⁰ Damit beurteilt er die wahrgenommene Neuartigkeit der Aufführung als positiv und musikalisch (oder künstlerisch wertvoll).

Weiter äussern sie sich zum Aspekt der Interaktion zwischen Mensch, Musikinstrumenten und Biocomputer. Der Mann sagt dazu: «It wasn't the case of technology simply being driven by the pianist, there was a genuine sense of partnership which I thought was quite extraordinary.»⁴⁰¹ Für die Frau scheint dieser Partnerschaft fast schon etwas Magisches oder Metaphysisches anzuhaften:

> «The language that I've been hearing people use is that this slime listens and responds. *[Schnitt]* To see the connectedness between all the different musical instruments, and see things begin to *happen* when Eduardo is not playing the piano is quite extraordinary. It gives you a glimpse into, you know, the universe that we don't understand, mere mortals like me do not understand. I think it's quite amazing, absolutely.»⁴⁰²

Hier schliesst sich gewissermassen der Kreis wieder zu den Überlegungen Dmitry Bulatovs, für den ebenfalls dieser Aspekt des «breaking out of the box» beziehungsweise der Emergenz bei *Biocomputer Music* und *Biocomputer Rhythms* zentral war: der Bruch mit Dualismen von natürlich und künstlich, lebendig und leblos oder aktivem Mensch und passivem Material, womit eine Dezentrierung des Menschen einhergeht.⁴⁰³ Zweifelsfrei ergeben sich aus der eigentümlichen Situierung des Biocomputers zwischen diesen Kategorien, in die die Welt aus anthropozentrischer Sicht gemeinhin eingeteilt wird, ästhetische und ontologische Effekte, die für die Rezeption der Kompositionen beziehungsweise Aufführungen zentral sind. Ich möchte mich diesen Effekten, die von den zitierten Konzertbesuchern als «partnership» und «connectedness» beschrieben werden, in einem letzten Schritt mithilfe des Begriffs des Tierwerdens von Deleuze und Guattari⁴⁰⁴ theoretisch (oder eher atheoretisch) nähern, denn was hier zwischen

---

397 Music Biocomputing 2016, 11:02–11:04.
398 Ebd., 10:30–10:32.
399 Vgl. Boden 2014, 228.
400 Music Biocomputing 2016, 10:05–10:12.
401 Ebd., 10:20–10:29.
402 Ebd., 10:35–11:01.
403 Vgl. Bulatov 2019; zum Begriff der Dezentrierung vgl. Hall 2000.
404 Vgl. Deleuze, Guattari 1992 (1980), 317–422.

die Kategorien fällt, ist nicht nur der Schleimpilz beziehungsweise der Biocomputer, sondern auch der Mensch. Allerdings obliegen der kreativen Interspezieskommunikation im konkreten Fall von Mirandas Biocomputermusik auch einige Einschränkungen, was ich ebenfalls abschliessend kurz thematisieren möchte. Dabei will ich mich insbesondere der Frage annehmen, ob es sich dabei auch tatsächlich um einen symmetrischen Prozess handelt, wie Bulatov postuliert.[405]

Musizieren mit Deleuze und Guattari: Tierwerden, Schleimpilzwerden

Ich habe nun mehrfach darüber gesprochen, dass in der musikalischen Interaktion zwischen Miranda und dem Biocomputer so grundlegende Grenzen wie zwischen Natur und Kultur, Subjekt und Objekt, Lebendigem und Leblosem zu verschwimmen scheinen und damit auch das Alltagsverständnis von Kunst und Kreativität überdacht werden muss. Aber was passiert eigentlich genau mit Eduardo Miranda, wenn er sich dem Spiel mit dem Schleimpilz hingibt? Wie Bulatov sagt, übernimmt der Mensch in diesem Prozess keine führende Rolle: Obwohl der Hauptteil von Mirandas eigenem Flügelspiel von ihm auskomponiert und in Noten niedergeschrieben wurde, bleibt die improvisatorische Antwort des Biocomputers bei jeder Aufführung eine Unbekannte, zumindest bis zu dem Zeitpunkt, zu dem die Antwort auf dem Flügel erklingt und erfahrbar gemacht wird; das Abhängigkeits- und Bezugsverhältnis ist ein gegenseitiges. Ich habe oft über den Input Mirandas und den Output des Biocomputers geschrieben, aber genau genommen stellt meine sprachliche Wahl, um diese Interaktion zu beschreiben, bereits eine weitere anthropozentrische und verfälschende Vereinfachung dar, denn natürlich kann genauso gesagt werden, dass der Biocomputer Miranda einen Input gibt, der den Output Mirandas in gewisser Weise vorformt. Daran ändert sich selbst dann nichts, wenn Miranda sich stur an all seine Noten hält, ohne etwas abzuändern oder spontan hinzuzuerfinden, da Musik stets relativ wahrgenommen wird. Um ein sehr simples Beispiel zu geben: Wenn ein C auf ein A folgt, wird dieser Intervall als kleine Terz bezeichnet, wenn das C jedoch auf ein H folgt, handelt es sich um eine grosse Terz. Der Unterschied ist dabei mehr als nur ein Halbton; es ist der Unterschied zwischen Moll und Dur beziehungsweise der Unterschied zwischen einer (im Falle einer westlichen Musiksozialisation) als melancholisch und einer als fröhlich wahrgenommenen Tonfolge, wobei selbst diese affektive Bewertung kontextabhängig bleibt.

---

405 Bulatov 2019, 193.

Man könnte diese Interaktion, in Anspielung auf Deleuze und Guattaris Konzept des Tierwerdens, so beschreiben, dass Miranda und der Biocomputer zusammen mit dem Flügel für die Dauer des Konzerts ein Gefüge bilden, in dem jegliche Fixpunkte, anhand derer sich die Differenz zwischen Mensch und Schleimpilz nachvollziehen liesse, in reine Bewegung zerfliessen, die im Übrigen durchaus auch als Spielbewegung im Sinne Gadamers gedeutet werden könnte.[406] Sie bilden für die Dauer der Aufführung gewissermassen eine Einheit beziehungsweise eine Symbiose. Denn das Besondere an einem Gefüge, das von so unterschiedlichen Entitäten wie Mensch, Schleimpilz und Flügel eingegangen wird, ist, dass es sich nicht «in Termen der Produktion […], sondern nur in Termen des Werdens»[407] begreifen lässt; es trägt nicht die Logik der Abstammung, sondern der Ansteckung, um es im Vokabular von Deleuze und Guattari zu formulieren.[408] In diesem Gefüge «betreibt der Mensch», im konkreten Fall Eduardo Miranda, «seine Arten und Weisen des Tier-Werdens»,[409] man könnte auch sagen: des Schleimpilzwerdens. Wie ist das zu verstehen?

Mit dem Tierwerden nach Deleuze und Guattari ist selbstverständlich nicht gemeint, dass der Mensch tatsächlich zu einem Tier wird, und es geht auch nicht darum, das Tierische im Menschen zu verorten (im Sinne einer essenzialistischen Zuschreibung). Es geht vielmehr um das Werden in seiner Prozesshaftigkeit oder eben als ständige Bewegung,[410] die genau *nicht* in einem neuen Endzustand resultiert.[411] Dabei spielt die Mannigfaltigkeit des Gefüges, aber auch seiner einzelnen Beteiligten, eine zentrale Rolle: So wie beim Trüffel, der ein Gefüge mit einem «Baum, einer Fliege und einem Schwein» eingeht, bildet das Zusammenkommen von Mensch, Flügel und Schleimpilz ein Zwischenreich beziehungsweise eine widernatürliche Anteilnahme, «aber nur so geht die Natur vor, sogar gegen sich selber».[412] Ein solches Gefüge ist mannigfaltig, weil die beteiligten Agenten ganz unterschiedlich sind und in keinem direkten, genealogischen Verwandtschafts- oder Abstammungsverhältnis stehen, womit auch keine «vorgeformte, logische Ordnung zwischen diesen Heterogenen»[413] besteht. Deshalb auch die Metapher der Ansteckung:

---

406 Vgl. Gadamer 1986, 110.
407 Deleuze, Guattari 1992, 330.
408 Vgl. ebd., 229 f.
409 Ebd., 330; Erklärung folgt.
410 Vgl. Bruns 2007, 703.
411 Vgl. Deleuze, Guattari 1992, 324 f.
412 Ebd., 330.
413 Ebd., 341.

«Vermehrung durch Epidemie, durch Ansteckung, hat nichts mit Abstammung durch Vererbung zu tun, auch wenn beide Themen sich vermischen und voneinander unabhängig sind. Der Vampir pflanzt sich nicht fort, er steckt an. Der Unterschied liegt darin, dass die Ansteckung, die Epidemie, ganz heterogene Terme ins Spiel bringt, wie zum Beispiel einen Menschen, einen Virus, ein Molekül und einen Mikro-Organismus.»[414]

Dadurch, dass diese heterogenen Terme in einer Art rhizomatischen Verflechtung zusammenkommen, sind sie «ständig dabei, sich ineinander zu verwandeln, ineinander überzugehen»;[415] sie befinden sich also in einem gegenseitigen Werden. In dieser Bewegung werden ihre Grenzen zu einer Art Begegnungs- und Experimentierraum: «[...] boundaries are not limits but zones of indiscernibility where experiments in forms of life can be developed and put into play.»[416] In diesem Begegnungsraum wird auch die innere Mannigfaltigkeit jeder für gewöhnlich als fixiert wahrgenommenen Identität offensichtlich: «So ist jedes Individuum eine unendliche Mannigfaltigkeit, und die ganze Natur ist eine Mannigfaltigkeit aus komplett individuierten Mannigfaltigkeiten.»[417] Der Begegnungsraum erscheint als Spielraum, in dem bisher ungeahnte Möglichkeiten zur Interaktion ausgetestet werden können, womit grundlegende Kategorien (wie zum Beispiel eben jene von Natur und Kultur) infrage gestellt und neu definiert werden können, dabei aber weiterhin in ständiger Transformation begriffen sind.

In diesem Sinne kann Mirandas Zusammenspiel mit dem Biocomputer als Schleimpilzwerden verstanden werden, und auch der Schleimpilz begibt sich dabei in ein Werden (aber ein Werden zu *was* eigentlich?).[418] Passenderweise bedeutet das *polycephalum* in *Physarum polycephalum* «vielköpfig», was Assoziationen zur Medusa evoziert, bei der es sich um ein Grenzwesen wie der von Deleuze und Guattari angeführte Vampir handelt; beide befinden sich in einem ständigen Werden, ohne sich für eine Domäne zu entscheiden. Aber natürlich ist auch der reale Schleimpilz für sich genommen mannigfaltig: nicht nur in dem Sinne, dass er vielkernige Plasmodien bildet, sondern auch weil er ständig Gefüge eingeht mit so heterogenen Termen wie den Haferflocken, mit denen er von Mirandas Team gefüttert wird, oder mit Baumstämmen, an denen er in der Natur meist gefunden wird; und er ist weder Pilz, Tier noch Pflanze, befindet sich also auch in diesem Sinne in einem Zwischenraum. Aber die gleiche Mannigfaltigkeit ist auch im Menschen zu finden. Der springende Punkt ist: Die Entdeckung, zusammen musizieren zu können, bereichert ihre Mannigfaltigkeit

---

414 Ebd., 329 f.
415 Ebd., 340.
416 Bruns 2007, 716.
417 Deleuze, Guattari 1992, 346.
418 Vgl. ebd., 324.

um eine neue und ganz konkrete Möglichkeit, sich mit der Welt in Beziehung zu setzen; und genau das ist das kreative beziehungsweise transformative Moment, das über die schlichte Variation bekannter Themen hinausgeht.

Einige Einschränkungen zum Schluss

Selbstverständlich sind der Interaktion zwischen Mensch und Schleimpilz auch einige Grenzen gesetzt, und tatsächlich sind diese Grenzen für den Menschen und für den Schleimpilz nicht dieselben; auch wenn sie am gleichen Spiel teilnehmen, folgen sie unterschiedlichen Regeln. Während etwa Miranda alle 88 Tasten, sprich der komplette Tonumfang von 7 1/4 Oktaven des Konzertflügels, zur Verfügung stehen, obliegt es der Kontrolle Mirandas, wie viele und welche Saiten vom Biocomputer in einem bestimmten Teil der Aufführung zum Vibrieren gebracht werden können, und er ist es auch, der bestimmt, wann der Biocomputer zuhört und wann er antworten darf. Andererseits hat der Biocomputer wiederum die Möglichkeit, zumindest in *Biocomputer Rhythms*, auch Perkussionsinstrumente zu spielen, von denen Miranda keinen Gebrauch macht. Der banalste Einwand ist jedoch schlicht jener, dass der Schleimpilz nicht aus freien Stücken an diesem musikalischen Experiment teilnimmt. Es dürften diese Gründe sein, warum Criado und Rosell Mirandas Praktiken als «not truly collaborative» bezeichnen.[419] Auch wenn sich der Mensch ein Stück weit der Unvorhersehbarkeit des Verhaltens des Schleimpilzes ergibt und die Interaktion durchaus als dynamisch und «open-ended» bezeichnet werden kann, bleibt ein gewisses Machtgefälle bestehen. Deshalb sollte zumindest die Frage gestellt werden, ob die artenübergreifende kreative Kollaboration in *Biocomputer Music* und *Biocomputer Rhythms* wirklich so symmetrisch vonstattengeht, wie von Bulatov beschrieben.[420]

Zuletzt existiert eine eigentümliche Leerstelle in Mirandas künstlerischer und wissenschaftlicher Selbstreflexion; eine Leerstelle, die die Ethik betrifft. Dabei handelt es sich nach Criado und Rosell jedoch um eine zentrale Fragestellung in Zusammenhang mit der kreativen Arbeit mit (oder an) anderen Lebewesen:

> «Beyond just communication, when working creatively with living matter, questions such as the implications of shared authorship, notions of non-human subjectivity, and issues of care and control are raised. What is the basis of interspecies co-creation? Can it constitute collaboration? What are the ethical implications? And what are the limits and fundamental considerations of the field?»[421]

419 Criado, Rosell 2017.
420 Bulatov 2019, 193.
421 Criado, Rosell 2017.

Angesprochen auf die Fragen von «issues of care and control», sagt Miranda, dass sie alle wissenschaftlichen und universitären Richtlinien befolgten, obwohl es sich um einen sehr primitiven Organismus handle.[422] Zudem weisen sie darauf hin, dass er und sein Team manchmal eine emotionale Bindung zum Schleimpilz entwickeln würden: «Ed Braund, my assistant, sometimes refers to the slime mould [as] the lab's pet.»[423] Eine tiefergehende Beschäftigung damit, was die ethischen Implikationen sind, wenn ein Lebewesen in eine Computerarchitektur integriert wird, bleibt dabei jedoch aus. Gerade wenn durch den Biocomputer die Grenzen von Natur und Kultur verschwimmen, wie auch Miranda, Braund und Venkatesh selbst postulieren,[424] drängt sich diese Thematik aber auf. Wenn tatsächlich ein Dualismus seine Relevanz verliert, anhand dessen nicht zuletzt begründet wird, wie der Mensch mit der Welt umgehen darf oder sollte, muss diese Ebene mit bedacht werden.

Vielleicht ist es nicht Mirandas Aufgabe, sich dieser durchaus komplexen Fragestellung anzunehmen; und auch ich selbst habe mich bewusst dazu entschieden, diesen Themenkomplex – abgesehen von der hier zu lesenden, abschliessenden Notiz – auszusparen, weil er mich zu weit von meinem eigentlichen Forschungsinteresse der Computerkreativität weggetrieben hätte. In einem zukünftigen Schritt wäre es jedoch wünschenswert, sich solchen moralischen und ethischen Fragen in kritischer Weise anzunähern. Denn auch das gehört zum transformativen Potenzial von Kreativität: Indem die Welt in neue Beziehungen gesetzt wird, zum Beispiel indem der Computer die Kategorie der leblosen Objekte durchbricht, erscheinen zuvor unproblematische Interaktionen in einem neuen Licht.

422 Ebd.
423 Ebd.
424 Vgl. Miranda, Braund, Venkatesh 2018, 44.

Schlussbetrachtungen

Am Beginn dieser Arbeit stand, neben meiner eigenen Faszination für das kreative Potenzial neuerer Computersysteme als persönliche Motivation, mich mit diesem Thema zu befassen, die Beobachtung, dass die Debatten um die künstliche Kunst von einer Art vagen Angst begleitet werden, dass mit der Automatisierung kreativer Prozesse der Mensch nicht bloss ersetzbar, sondern einer zentralen Eigenschaft seiner Menschlichkeit überhaupt beraubt werde. Als Folge dieses dominanten Deutungsrahmens, der die Beziehung zwischen Mensch und Maschine als «binary, antagonistic and ontologically differentiated» konstruiert,[425] befasst sich eine frustrierend grosse Zahl von alltäglichen Äusserungen, Medienbeiträgen und auch Fachartikeln ausgiebig mit der vergleichsweise uninteressanten (oder gar unbeantwortbaren) Frage, *ob* ein Computer kreativ sein könne und warum oder warum nicht, während eine eingehendere Beschäftigung mit konkreten Beispielen künstlicher Kreativität – also mit der Frage, *wie* Computer kreativ sind, und dem damit verbundenen Blick auf die Ästhetik, die Sinneffekte und die Eigendynamik jedes einzelnen künstlichen Kunstwerks – ein Schattendasein fristet.

Rückblick: Zentrale Aussagen und Erkenntnisse

Um dieser Tendenz entgegenzuwirken, habe ich mich auf die Analyse von vier Beispielen künstlicher Kreativität beschränkt, die von meiner subjektiven Warte aus gesehen ein gutes Gleichgewicht von Komplexität, Unterschiedlichkeit und einer ausreichend breiten Dokumentationsgrundlage (in Form von wissenschaftlicher Sekundärliteratur, Medienbeiträgen etc.) aufweisen. Die dabei formulierten Kernaussagen und gewonnenen Erkenntnisse sollen an dieser Stelle nochmals kurz zusammengefasst und die Beispiele miteinander in Bezug gestellt werden.

Der Mensch verschwindet nicht

Die vielleicht zentralste Erkenntnis meiner Analysen ist, dass der Mensch durch die beteiligten kreativen, künstlichen Intelligenzen keineswegs aus dem kreativen Prozess verschwindet. Gemeint ist damit nicht nur, dass jede künstliche

---

425 Broeckmann 2019, 5.

Intelligenz erst einmal von einem Menschen gebaut, entwickelt beziehungsweise programmiert werden muss (es ist durchaus denkbar, dass diese Voraussetzung dereinst entfallen wird), sondern dass sich die menschlich-maschinelle Kollaboration bis zum fertigen Kunstwerk fortsetzt, indem die menschlichen Akteure selektieren, die computergenerierten Artefakte weiterverarbeiten und der generativen Gewalt der nimmermüden Algorithmen gewisse Leitplanken setzen, innerhalb derer sie schöpferisch tätig werden können oder sollen. Die genaue Form des menschlichen Beitrags und das Ausmass der möglichen beziehungsweise tatsächlich durchgesetzten Mittel zur Intervention bleiben dabei hoch variabel und hängen auch von den zum Einsatz gekommenen Computersystemen und -anwendungen ab. Das heisst: Nicht alle künstlichen Künstler:innen lassen sich gleich stark kontrollieren, aber es geniesst auch keine von ihnen völlige Schaffensfreiheit.

Vergleichen wir die vier analysierten Beispiele hinsichtlich des Ausmasses der Kontrolle durch den Menschen, zeigen sich dementsprechend grosse Unterschiede, wobei dem Computer bei *The Next Rembrandt* ein deutlich geringeres Mass an kreativer Freiheit zugestanden wird, als es bei *Sunspring*, *AI Dungeon* oder in Mirandas Biocomputermusik der Fall ist.

Zwar gibt es auch beim künstlichen Rembrandt ein gewisses Mass an Unvorhersehbarkeit, was die konkrete Form des fertigen Gemäldes angeht, aber sowohl der Input wie auch die grundsätzlichen Anforderungen an den Output wurden dabei sehr klar und eng definiert. Der Algorithmus rekurriert ausschliesslich auf die Porträts Rembrandts, doch auch verschiedene Parameter des computergenerierten Outputs wurden bereits im Vorfeld fest bestimmt; so soll das Motiv etwa das – gemäss der computergestützten Analyse der Originalporträts des niederländischen Künstlers – typischste aller Rembrandt-Motive zeigen: einen Mann, zwischen 30 und 40 Jahre alt, mit Gesichtsbehaarung, der nach rechts schaut und dunkle Kleidung mit einem weissen Kragen sowie einen Hut trägt. Wesentliche Abweichungen zu den Originalporträts werden dabei nicht als kreative Eigenleistung gewürdigt, sondern als Fehler gewertet, wie etwa die von Ernst van de Wetering als teilweise anachronistisch bemängelte Pinselführung.[426] Um solche Fehler zu minimieren, wurde der gesamte kreative Prozess menschlich sehr nahe überwacht, zum Beispiel durch den Einbezug von fachkundigen Berater:innen des Mauritshuis und Rembrandthuis. Der Grund dafür liegt auf der Hand: Der Computer soll eben den Stil Rembrandts reproduzieren und den Künstler so erneut zum Leben erwecken und nicht etwa einen eigenen Stil entwickeln, der bloss von Rembrandt inspiriert ist. Resultat ist ein Gemälde,

---

426 Vgl. Ghosh 2016.

das gängigen beziehungsweise populären Erwartungen an Ästhetik und Sinnbildung eines Kunstwerks wahrscheinlich mehr entspricht, als es *Sunspring* und die Biocomputerkompositionen mit ihrer experimentelleren Herangehensweise tun, aber dabei auch über deutlich weniger Originalität verfügt. Die einfachere Lesbarkeit des Kunstwerks erfolgt auf Kosten seiner Neuartigkeit; oder zumindest kann der Herstellungsprozess als weit origineller als das fertige Produkt bezeichnet werden.

Bei den anderen Beispielen verhält sich das anders. Bei *Sunspring* etwa kam zwar ebenfalls ein Machine-Learning-Algorithmus zum Einsatz, der mit bestehenden Drehbüchern trainiert wurde, aber diese entstammen verschiedenster Filme und Serien von einer Vielzahl unterschiedlicher Drehbuchautor:innen, mit der einzigen Gemeinsamkeit, dass alle dem Science-Fiction-Genre zugeordnet werden. Damit sind die Inputdaten bereits formal beziehungsweise ästhetisch und stilistisch deutlich weniger eng gefasst als bei *The Next Rembrandt*, was sich in entscheidender Weise auf den kreativen Output der KI auswirkt. Auch der eigentliche generative Prozess der künstlichen Intelligenz wurde dabei kaum überwacht; den einzigen nennenswerten Einfluss, den das Team um Oscar Sharp und Ross Goodwin auf *Benjamins* Drehbuch ausgeübt hat, liegt in der Selektion und der Kürzung des Drehbuchs um einige Zeilen, um die Spielzeitbeschränkung des Filmwettbewerbs einzuhalten. Inhaltlich wurde dabei jedoch bewusst nichts geradegebogen: «Oscar Sharp did not edit it for consistency or linearity or any other qualities.»[427] Die einzige grössere Änderung beinhaltete die Streichung einer Szene, die nach einem Lastwagen verlangte, was für die Filmcrew wohl aufgrund der anfallenden Kosten und des knappen Zeitraums von 48 Stunden, den sie für die Produktion des Films zur Verfügung hatte, nicht realisierbar war.[428] Umso grösser wird der menschliche Beitrag jedoch, wenn es darum ging, *Benjamins* Skript Bedeutung abzuringen: Erst durch die einfallsreiche und durch grosse Fachkompetenz gekennzeichnete Umsetzung der widersprüchlichen Regieanweisungen in eine Inszenierung, die der chaotisch anmutenden Handlung eine verbindende ästhetische Einheit schenkte, sowie durch die beachtliche und emotionalisierende schauspielerische Leistung von Thomas Middleditch, Elizabeth Grey und Humphrey Ker wird aus *Sunspring* ein Film, der auch als solcher bezeichnet werden kann. Gerade das wirre und inkohärente, mit vielen Konventionen brechende Skript *Benjamins* zwang die Filmcrew dazu, nach überraschenden Lösungen zu suchen für Probleme, die sich üblicherweise nicht stellen; und gerade das verlangt ebenfalls nach einem erheblichen Mass von

---

427 Aussage von Ross Goodwin in einem nichtöffentlichen Interview, zit. nach Miller 2019, 228.
428 Vgl. Miller 2019, 228.

Kreativität. Das Gleiche gilt übrigens für das Publikum, denn auch in interpretativer Hinsicht setzt *Sunspring* einiges an Kreativität voraus. Bei einer strengeren Kontrolle und bei Beschränkung des Rahmens, innerhalb dessen *Benjamin* kreativ sein darf, wäre wohl ein kohärenteres und intelligibleres Skript entstanden, aber gleichzeitig wäre die durch die Konfrontation (oder das Spiel) mit *Benjamins* wirren Zeilen auf die Probe gestellte menschliche Kreativität wohl in gewohnteren Bahnen geblieben. Ob das Experiment als künstlerisch wertvoll bezeichnet werden kann, ist eine andere Frage – aber selbst wenn der Film tatsächlich keinen Sinn ergibt, heisst das nicht gezwungenermassen, dass es nicht doch auch Leute geben wird, die den Film als Gesamtkunstwerk schätzen. Zu diesem Schluss kam auch Ross Goodwin: «From the experience of screening this film, I have begun to gather that while some people may not want to read prose or poetry that makes no sense, many of them will watch and enjoy a film that makes no sense […], and will certainly listen to music with lyrics that make no objective sense.»[429]

Im Falle von *AI Dungeon* ist es so, dass die Kontrolle durch den Menschen von Abenteuer zu Abenteuer stark schwanken und vor allem auch von den persönlichen Präferenzen der Spieler:innen abhängen dürfte. Diese verfügen zwar über die Möglichkeit, auf vielfältige Art und Weise in den computergenerierten Text einzugreifen, doch würde eine zu starke Nutzung dieser Möglichkeiten dem Spiel wohl jeden Reiz nehmen, da dieser doch vor allem aus dem dynamischen Wechselspiel zwischen Mensch und Computer besteht, die so gemeinsam eine Geschichte erzählen. Ausserdem ist der Eingriff seitens der Spieler:innen nur nachträglich möglich, generieren kann beziehungsweise darf die KI also so gut wie alles. Genau dort zeigen sich aber auch die Gefahren, die dabei entstehen können, wenn der kreativen Freiheit des Computers zu wenige Leitplanken gesetzt werden, da diese unter anderem dazu genutzt wurde, pornografische Inhalte zu erstellen. *AI Dungeon* wurde etwa dazu genutzt, pornografische Texte zu schreiben, die sogar sexuelle Handlungen an minderjährigen Charakteren beinhalten. Wie schwierig es ist, ein so leistungsstarkes Sprachmodell wie GPT-3 im Nachhinein zu beschränken, zeigen die Implementationsschwierigkeiten des neu eingeführten Moderationssystems, das selbst unproblematische Inhalte automatisch zensierte und so, trotz nobler Ansichten, den Groll der Community auf sich zog. Mit den Beschränkungen der Möglichkeiten des künstlich intelligenten Dungeon Masters fühlten sich auch die Fans ihrer eigenen kreativen Freiheit beraubt.

---

429 Goodwin 2016b.

Biocomputer Music und *Biocomputer Rhythms* weisen in Bezug auf den Aspekt der Kontrolle durch die menschlichen Akteure und deren eigenen Beitrag eine nochmals andere Konstellation auf. Hier ist vor allem zu bemerken, dass der reinen Möglichkeit der menschlichen Intervention beim generativen Prozess des Schleimpilzcomputers engere Grenzen gesetzt sind als bei den unbelebten künstlichen Intelligenzen der anderen Beispiele. Zwar ist es Miranda, der bestimmt, welche und wie viele Saiten des Flügels beziehungsweise welche Perkussionsinstrumente für den Biocomputer zu einem gegebenen Zeitpunkt spielbar sind, und er ist es auch, dem die Kontrolle obliegt, wann der Biocomputer spielt und wann er zuhört. Auf die genaue Art und Weise, wie der Biomemristor die über Mirandas Flügelspiel erzeugten elektrischen Impulse interpretiert, hat er jedoch keinen wesentlichen Einfluss. Dazu kommt, dass der Biocomputer durch die spezielle Versuchsanordnung als musikalisches Frage-und-Antwort-Spiel die Komposition in gleicher Weise mitgestaltet, wie es Miranda tut. Da es sich um Musikstücke handelt, also um performative Kunst, die dazu da ist, aufgeführt zu werden, gibt es zudem keine Möglichkeit, die dabei entstehenden Klangfolgen nachträglich umzuformen; ähnlich wie bei *AI Dungeon*, wo die Möglichkeit zur nachträglichen Umformung jedoch durchaus besteht, ist die improvisatorische Komponente der künstlichen natürlichen Intelligenz zentral für die Ästhetik von *Biocomputer Music* und *Biocomputer Rhythms*. In diesem Sinne lässt sich argumentieren, dass sich Mensch und Maschine (oder Schleimpilz), trotz der genannten Einschränkungen, hier am ehesten auf Augenhöhe begegnen, was nicht zuletzt an der Gleichzeitigkeit liegt, mit der der menschliche und der künstliche Künstler im Rahmen der Konzerte miteinander in Interaktion treten.

Mediale Selbstreflexion und Produktionsästhetik

Eine weitere Gemeinsamkeit aller vier Beispiele ist, dass sie die Kontexte ihrer eigenen Entstehung oder ihre Gemachtheit als Produkt künstlicher Kreativität und die damit verbundenen Herstellungsprozesse explizit thematisieren beziehungsweise betonen, was insbesondere auch für ihre Rezeption gilt. Dafür gibt es zwei Gründe: Der erste Grund ist, dass es sich bei den verwendeten Technologien um vergleichsweise neue Methoden handelt, auch wenn sich durchaus historische Vorläufer bestimmen lassen.[430] Dadurch dürfte den meisten Men-

---

430 Im Falle von *Sunspring* zum Beispiel der surrealistische Film, bei *The Next Rembrandt* die Reproduktionspraktiken von Kunstlehrlingen, die zu Ausbildungszwecken Kopien und stilistische Imitationen ihres Meisters anfertigten, bei *Biocomputer Music* und *Biocomputer*

schen die technische Funktionsweise dieser Prozesse noch wenig geläufig sein, was sie einerseits erklärungsbedürftig macht, andererseits formal abhebt von anderen, mit traditionellen Methoden entstandenen Kunstwerken beziehungsweise -projekten. Der zweite Grund ist, dass – bedingt durch die einleitend genannten philosophischen und humanistischen Diskurse um Kunst, Kreativität und das menschliche Wesen – der Aspekt der automatisierten Kreativität weitreichende Sinneffekte hervorruft, die wiederum Einfluss nehmen auf die ästhetische Erfahrung von künstlicher Kunst.

In den konkreten Beispielen zeigt sich die Tendenz zur medialen Selbstreflexion und Produktionsästhetik in vielfältiger Weise. Die Entscheidung etwa, das Drehbuch zu *Sunspring* von einem Computer schreiben zu lassen, kann bereits per se als selbstreflexiv gedeutet werden, weil damit die klassische Science-Fiction-Trope der denkenden und fühlenden Maschine ins Spiel kommt. Dies findet seine Fortführung in der Anthropomorphisierung *Benjamins*, die nicht nur durch Oscar Sharp und Ross Goodwin, sondern auch durch das Publikum getragen wird. Innerhalb dieser Betrachtungsweise können ausserdem Teile des Skripts («I don't know what you're talking about») in ironisch-spielerischer Absicht als Selbstkommentar der Maschine gedeutet werden, was ein Bewusstsein impliziert. In der Szene, in der die Kamera, von der im Drehbuch Benjamins die Rede ist, als extradiegetische Kamera inszeniert wird, wird diese Selbstreflexion des Science-Fiction-Genres zudem zu einer medialen Selbstreflexion des Films überhaupt ausgeweitet. Zuletzt weisen Vor- und Abspann des Films explizit auf den konkreten Produktionsprozess von *Sunspring* hin, indem einerseits erklärt wird, wie der Film zustande kam,[431] und andererseits ein Blick hinter die Kulissen ermöglicht wird, der anekdotisch aufzeigt, wie die Filmcrew mit *Benjamin* beziehungsweise mit dessen Drehbuch in Interaktion trat.[432]

Starke Züge einer medialen Selbstreflexion treffen wir auch bei *AI Dungeon* an. Bereits optisch verweist das Interface auf die digitalen Textadventures der 1970er-Jahre, wobei *AI Dungeon* noch weitergeht und eine Neuinterpretation der Idee darstellt, die erst zur Geburt dieses Computerspielgenres führte: der Versuch, die orale Erzähllogik eines Pen-and-Paper-Rollenspiels in ein digitales und automatisiertes Medium zu überführen. In gewisser Weise betreibt *AI Dungeon* damit eine Form einer fiktionalen alternativen Geschichtsschreibung, indem einerseits ein längst als tot erklärtes Genre aktualisiert wird, andererseits zugleich die Frage gestellt wird, wie sich dieses entwickeln hätte können,

---

Rhythms wiederum könnte an dieser Stelle exemplarisch die ‹aleatorische› Musik von John Cage genannt werden.
431 Sunspring 2016, 0:00–1:02.
432 Ebd., 7:57–8:48.

wenn seinen Erfinder:innen schon damals die heutigen Technologien wie künstliche neuronale Netzwerke zur Verfügung gestanden hätten. Daraus entsteht nicht zuletzt ein Diskursrahmen, der auf einer ganz grundsätzlichen Ebene zum Nachdenken darüber einlädt, wie ein Text produziert und wie mit diesem interagiert werden kann.

The Next Rembrandt wiederum trägt die Spuren seiner eigenen Produktion als klar erkennbare, äusserliche Merkmale, doch sind diese irritierenderweise bloss simuliert. Gemeint ist die unter anderem durch die unterschiedliche Dicke der Farbschichten erkennbare Pinselführung, die jedem handgemalten Gemälde als Beiprodukt seines Herstellungsprozesses innewohnt und gleichzeitig zur ästhetischen Wirkung eines Bildes beiträgt. Wenn wir jedoch den begleitenden Werbefilm und die Webseite des *The Next Rembrandt*-Projekts betrachten, wird die Täuschung effektvoll und ausführlich enthüllt: In vier Schritten wird dem Publikum erklärt, wie mithilfe komplizierter Algorithmen das Werk Rembrandts bis zum letzten Pinselstrich imitiert und der Künstler so wieder zum Leben erweckt wurde, um «one more painting»[433] zu erschaffen. Der künstliche Herstellungsprozess der digitalen Reproduktion, die sich als Simulacrum eines manuell erschaffenen Gemäldes manifestiert, wird damit zum zentralen Aspekt des Projekts erhoben. Der Effekt, der sich dabei einstellt, ist paradox: Einerseits scheint damit impliziert zu werden, dass das Genie Rembrandts auf klar bestimmbare Einzelelemente reduziert und digital reproduziert werden kann, was einer genialistischen Künstlerkonzeption zuwiderläuft und das Genie entzaubert; andererseits affirmiert die digitale Reproduktion des niederländischen Malers gerade dessen herausragende kunstgeschichtliche und kulturelle Stellung und trägt mit der Unsterblichmachung (oder Zombifizierung) des Künstlers selber zum Geniekult um Rembrandt bei.

Im Fall von *Biocomputer Music* und *Biocomputer Rhythms* ist die zentrale Thematisierung des technischen Hintergrunds bereits in der Namensgebung ersichtlich: Die Rede ist nicht von Musik mit oder für Biocomputer (analog zur gängigen Formulierung in Form von «Konzert für Fagott und Harfe», «Oboe und Streichorchester», «Violine und Gitarre» usw.), sondern eben von Biocomputermusik. Das darf durchaus als indiskrete Aufforderung an das Publikum verstanden werden, Gedanken zur beteiligten Technologie in die Rezeption der Aufführungen mit einfliessen zu lassen. Unterstützt wird diese implizite Handlungsaufforderung nicht zuletzt durch die Inszenierung des Bühnenbilds während der Konzertsituation: Eduardo Miranda und der Biocomputer sitzen sich dabei gegenüber, verbunden durch den Konzertflügel, der auf der einen Seite

---

433 The Next Rembrandt 2016.

über die Klaviatur mit den Fingern des Menschen kurzgeschlossen wird, auf der anderen Seite mittels über den Saiten schwebender Elektromagnete, die an gut sichtbaren in den Flügel hineinragenden Kabeln befestigt sind, mit dem Biocomputer verwoben ist. Bereits durch die visuelle Gestaltung wird damit auf die Grenzauflösungen hingewiesen, die auch andernorts im Zusammenhang mit Mirandas Biocomputermusik thematisiert werden; Mensch, Maschine und Schleimpilz gehen für die Dauer des Konzerts eine kreative Einheit ein, die dazu einlädt, die Differenzen von Bio und Computer, natürlich und künstlich, analog und digital, menschlich und nichtmenschlich, belebt und leblos etc. zu hinterfragen und neu zu denken.

Kreative Kollaboration und Interdisziplinarität

Der letzte Punkt, der mir erwähnenswert scheint, ist den beiden vorangegangenen Punkten immanent, aber ich möchte ihn hier noch einmal explizit hervorheben. Dabei geht es darum, dass jedes der vier Projekte ein Produkt einer kreativen Kollaboration darstellt und nicht etwa der kreativen Leistung eines einzelnen Akteurs beziehungsweise Aktanten. Einerseits ist damit die Mensch-Maschine-Kollaboration gemeint, andererseits aber auch der Umstand, dass alle der besprochenen Kunstwerke auch eine ausgeprägte, menschliche Teamleistung darstellen – sei es der Filmcrew um *Sunspring*, des Forschungsunternehmens OpenAI (als Erfinder des Sprachmodells GPT-3) und des Entwicklerstudios Latitude bei *AI Dungeon*, des Konglomerats von Marketingexpert:innen, Technikspezialist:innen und Kunsthistoriker:innen bei *The Next Rembrandt* oder des Forschungsteams von Eduardo Miranda, bei dem im Falle von *Biocomputer Music* und *Biocomputer Rhythms* neben dem Professor für Computermusik insbesondere sein Assistent Edward Braund eine wichtige Rolle gespielt hat; die begleitenden Fachpublikationen beinhalten zudem weitere Namen wie Satvik Venkatesh[434] oder Raymond Sparrow.[435] Dabei wird ausserdem deutlich, dass es sich bei allen betrachteten Beispielen um Kunstwerke handelt, die im Rahmen einer ausgeprägt interdisziplinären Zusammenarbeit entstanden sind: zwischen Informatik und dem bereits per se interdisziplinären Film; zwischen Informatik, Literatur, Linguistik und Spiel; zwischen Informatik, Marketing und Kunstwissenschaften sowie zwischen Informatik, Biologie, Elektronik und Musik. Beide dieser Tendenzen verorten damit den kreativen Prozess zu einem

---

434 Vgl. Miranda, Braund, Venkatesh 2018.
435 Vgl. Braund, Sparrow, Miranda 2016.

zentralen Teil im Rahmen einer komplexen Kommunikationspraxis, die sich genau an den Schnittstellen der verschiedenen beteiligten Bereiche orientiert; «art, science and technology», schreibt deshalb Miller, «have largely fused».[436] Künstliche Kreativität bedeutet, zumindest in Bezug auf die analysierten Kunstprojekte, immer auch vernetzte Kreativität, bei der das kreative Produkt aus den Wechselwirkungen innerhalb eines aus verschiedensten menschlichen und nichtmenschlichen Agenten bestehenden Netzwerks entwächst beziehungsweise emergiert. Damit wird der Trend zur zunehmenden Vernetzung, der im Zusammenhang mit Globalisierungs- und Digitalisierungstendenzen auch an anderen Schauplätzen der Kultur festgestellt wird, in kreativen Leistungen wie der Kunst in zunehmender Weise sichtbar, die im populären Diskurs jedoch bis heute allzu oft der Einzelleistung weniger, herausragend begabter menschlicher Genies zugeschrieben wird.

Kreative Computer bleiben dabei wohl zu wenig autonom, um ihren Gebrauch als Werkzeug vollständig hinter sich zu lassen, aber die neuen Möglichkeiten, generative Prozesse in weitreichenderer Art und Weise auf die Maschine auszulagern, als es in früheren Beispielen von auf Zufalls- oder ähnlichen Prozessen beruhender Kunst der Fall war, führen zu Innovationsleistungen, bei denen der Computer zumindest in funktionaler Hinsicht (beziehungsweise im Sinne einer künstlerischen Praxis) mitunter dennoch als gleichwertiger kreativer Kollaborateur wahrgenommen und behandelt wird und dabei Kunstwerke mitkreiert, die ohne seine Beteiligung unmöglich zu realisieren wären.[437]

Ausblick

Wie bereits in der Einleitung angemerkt, ist das Feld der künstlichen Kreativität ausgesprochen vielfältig, gross und wächst rapide. Es dürfte deshalb nicht überraschen, dass dabei viele Fragestellungen ausgespart wurden, über die es sich zweifellos ebenfalls lohnt, genauer nachzudenken.

Eine solche Fragestellung beinhaltet die Problematik verschiedenster Formen von Bias, die insbesondere bei Machine-Learning-basierten neuronalen Netzwerken auftauchen. 2020 machte zum Beispiel ein Bild in den Medien die Runde, das den ehemaligen US-Präsidenten Barack Obama, der trotz seiner gemischten Herkunft üblicherweise als Afroamerikaner wahrgenommen und bezeichnet

---

436 Miller 2019, 311.
437 Vgl. Miller 2019, 311.

wird, als weissen Mann zeigt.[438] Verantwortlich dafür ist eine künstliche Intelligenz, die verpixelte Fotos von Gesichtern in hochauflösende Bilder verwandelt. Der Grund, dass Obama dabei als weiss erscheint, liegt an den Daten, mit denen solche künstliche Intelligenzen trainiert werden: Wenn die Inputdaten hauptsächlich die Gesichter weisser Männer enthalten, wird der Output der KI diesen ethnischen (und geschlechtlichen) Bias reproduzieren: «This problem is extremely common in machine learning, and it's one of the reasons facial recognition algorithms perform worse on non-white and female faces.»[439] Mit einem vergleichbaren Problem hatten übrigens auch Ross Goodwin und Oscar Sharp zu kämpfen: Sie stellten mittels ihres neuronalen Netzwerkes *Benjamin* fest, dass in Filmzusammenfassungen Männer etwa viermal häufiger genannt werden als Frauen und eine Kleinstadt definitiv der häufigste Ort sei, an denen ein Film spielt.[440] Dass die Handlung von *Sunspring* Züge einer Dreiecksbeziehung trägt, in der sich zwei Männer um die gleiche Frau streiten, kann möglicherweise ebenfalls auf diesen Umstand zurückgeführt werden, wobei hier sich natürlich auch die kulturelle Prägung der Schauspieler:innen bemerkbar macht, die mit ihrer Interpretation des Drehbuchs dem Film erst Bedeutung verliehen. Einem besonders eindrücklichen Beispiel für den Bias unserer Daten begegnen wir bei *AI Dungeon*, das unter anderem dafür genutzt wurde, pornografische Inhalte zu produzieren, die mitunter sogar sexuelle Handlungen an minderjährigen Charakteren beinhalten. Kreative künstliche Intelligenzen laufen also Gefahr, sexistische, rassistische und weitere diskriminierende Biases und Stereotype, die ihren Inputdaten immanent sind, unkritisch zu perpetuieren und bestehende Machtverhältnisse zu reproduzieren (andererseits können sie aber auch als Mittel dienen, solche Biases aufzudecken). Es wäre deshalb interessant, konkrete Beispiele künstlicher Kunst hinsichtlich dieser Problematik genauer zu untersuchen.

Eine weitere vielversprechende Fragestellung betrifft zudem Beispiele von Computerkunst, bei denen keine Form von künstlicher Intelligenz zum Einsatz kommt. Ein solches Beispiel ist die Glitch-Art, mit der ich mich ursprünglich in dieser Arbeit ebenfalls befassen wollte. Damit ist eine (in der Regel visuelle) Computerkunstform gemeint, bei der absichtlich Fehlerzustände herbeigeführt werden, die interessante ästhetische Effekte erzeugen und von der verfälschten Farbwiedergabe über verschobene Streifen bis hin zu verdoppelten Bildteilen reichen. Da sie ihren Ursprung in unbeabsichtigten und unvorhergesehe-

---

438 Vgl. Vincent 2020.
439 Vincent 2020.
440 Oscar Sharp in GitHub 2016, 28:16–28:27.

nen Fehlern bei der Wiedergabe von Bilddateien haben, die jedoch von gewissen Menschen als künstlerisch wertvoll bewertet wurden, handelt es sich dabei um den möglicherweise ersten, durch den Computer selbst begründeten Kunststil. Wo der Computer sonst meistens die menschliche Kunst imitiert, begeht die Glitch-Art gewissermassen den umgekehrten Pfad und macht dabei den Fehler zum schöpferischen Prinzip.

Zuletzt ist darauf hinzuweisen, dass die für die Schaffung künstlicher Kunst verwendeten Computersysteme und neuronalen Netzwerke weiterhin an Leistungskraft gewinnen werden. Die vorliegende Arbeit stellt deshalb bloss eine Momentaufnahme einer mit grosser Geschwindigkeit voranschreitenden technologischen und gesellschaftlichen Entwicklung dar, deren weiterer Verlauf nicht genau abzusehen ist. Gegenwärtige Forschungstrends in der Computertechnik beinhalten Entwicklungen wie Quantencomputer, die um ein Vielfaches leistungsfähiger sind als die herkömmlichen Computerarchitekturen der Gegenwart, die bessere Erkennung und Interpretation von menschlichen Emotionen,[441] oder, damit in Zusammenhang stehend, die theoretische Auslotung der Möglichkeit einer Artificial General Intelligence (AGI), die die ganze Bandbreite menschlicher und tierischer Intelligenz simulieren kann oder zumindest nicht auf einzelne, hochspezialisierte Aufgabenbereiche beschränkt bleibt.[442] Sollten diese Bestrebungen erfolgreich sein, werden auch weitere menschliche Wesenszüge in Zukunft durch Computer simulierbar werden und möglicherweise auch Eigenschaften wie Emotionalität oder Bewusstsein aufweisen, die heute mitunter als Grund zitiert werden, warum Computer niemals wirklich kreativ sein könnten – wobei sich selbstverständlich die Frage stellt, *was* dabei eigentlich genau simuliert werden soll; schliesslich befindet sich auch das neurowissenschaftliche, psychologische und philosophische Verständnis von Intelligenz (und Kreativität) in stetigem Wandel.

Die Frage, wie sich die genannten Trends auf die Kunst auswirken, wird schlussendlich auch weiterhin davon abhängen, wie der Mensch mit seinen technologischen Errungenschaften umgeht. Dabei darf man sich ganz grundsätzlich überlegen, ob der Begriff der Kreativität nicht zu eng gedacht wird. Allzu oft scheint das schöpferische Potenzial von Computersystemen einzig daran ermessen zu werden, wie sehr dessen Produkte der menschlichen Kunst nahekommen; dabei ist die Frage mindestens so spannend, wie eine nichtmenschliche, künstlerische Kreativität aussehen kann, wenn sie sich gerade *nicht* am Menschen ori-

---

441 Vgl. Matheson 2018.
442 Vgl. Goertzel 2015. Baum identifizierte 2017 insgesamt 45 solcher AGI-Forschungsprojekte (Vgl. Baum 2017, 8).

entiert. Die grösste Gefahr für den Menschen hinsichtlich der Mannigfaltigkeiten künstlicher Kreativität besteht wohl kaum darin, ersetzt zu werden, sondern vielmehr darin, blind zu werden für das weite Feld von Möglichkeiten, wie mit der Welt ins Spiel getreten werden kann.

Quellen und Literatur

Besprochene Werke

AI Dungeon. Latitude, 2019, https://play.aidungeon.io (Abruf: 31. 7. 2021).
  – Blogpost des Latitude-Teams vom 27. April 2021, https://latitude.io/blog/update-to-our-community-ai-test-april-2021 (Abruf: 31. 7. 2021).
Biocomputer Music. Eduardo Miranda, 2014.
  – Miranda, Eduardo R.: Biocomputer Music. 10. 11. 2014, https://vimeo.com/111409050 (Abruf: 31. 7. 2021).
  – Miranda, Eduardo R.: Biocomputer Music. [2015], https://soundcloud.com/ed_miranda/biocomputer-music (Abruf: 31. 7. 2021).
  – Miranda, Eduardo R.: Biocomputer Music – Concert. 22. 5. 2015, https://vimeo.com/128597143 (Abruf: 31. 7. 2021).
Biocomputer Rhythms. Eduardo Miranda, 2016.
  – Miranda, Eduardo R.: Biocomputer Rhythms – CONCERT. 21. 4. 2016, https://vimeo.com/163673832 (Abruf: 31. 7. 2021).
  – Miranda, Eduardo R.: Music Biocomputing. 19. 4. 2016, https://vimeo.com/163427284 (Abruf: 31. 7. 2021).
Sunspring. [USA/UK] 2016, Oscar Sharp (Online: End Cue 2016). Veröffentlicht auf dem Youtube-Kanal von Ars Technica, 9. 6. 2016, www.youtube.com/watch?v=LY7x2Ihqjmc (Abruf: 31. 7. 2021).
  – Drehbuch: www.thereforefilms.com/uploads/6/5/1/0/6510220/sunspring_final.pdf (Abruf: 31. 7. 2021).
  – Home on the Land, Tiger and Man, 2016, https://soundcloud.com/tigerandman/home-on-the-land (Abruf: 31. 7. 2021).
  – Therefore Films: Films by Benjamin the A.I. Ohne Jahresangabe, www.thereforefilms.com/films-by-benjamin-the-ai.html (Abruf: 31. 7. 2021).
The Next Rembrandt. ING/JWT Amsterdam 2016, www.nextrembrandt.com (Abruf: 31. 7. 2021).
  – ING Newsroom: Rembrandt goes digital. 6. 4. 2016, www.ing.com/Newsroom/News/Rembrandt-goes-digital-.htm (Abruf: 31. 7. 2021).
  – The Next Rembrandt Newsroom: Can technology and data bring back to life one of the greatest painters of all time? 5. 4. 2016, https://thenextrembrandt.pr.co/125449-can-technology-and-data-bring-back-to-life-one-of-the-greatest-painters-of-all-time (Abruf: 31. 7. 2021).

Weitere angesprochene Werke

AIVA. Aiva Technologies, 2016, www.aiva.ai (Abruf: 31. 7. 2021).
Dreamily. ColorfulClouds Technology, 2021, https://dreamily.ai (Abruf: 31. 7. 2021).
Holo AI. Leonard Cyber, 2021, https://writeholo.com (Abruf: 31. 7. 2021)
ING – De Rembrandt Tutorials. ING Nederland, letzte Aktualisierung: 14. 10. 2019, www.youtube.com/playlist?list=PLoGoXpRjQc3PS6u743kYu-PUwNYF3FfrV (Abruf: 31. 7. 2021).
Jukebox. OpenAI, 2020, https://openai.com/blog/jukebox (Abruf: 31. 7. 2021).
NovelAI. Anlatan, 2021, https://novelai.net (Abruf: 31. 7. 2021).
Un chien andalou. Frankreich 1929, Luis Buñuel.

Sekundärliteratur

Aarseth, Espen: Cybertext. Perspectives on Ergodic Literature. Baltimore, London: The Johns Hopkins University Press, 1997.
Ackermann, Judith: Einleitung. In: dies. (Hg.): Phänomen Let's Play-Video. Entstehung, Ästhetik, Aneignung und Faszination aufgezeichneten Computerspielhandelns. Wiesbaden: Springer, 2017, 1–15.
Adamowicz, Elza: Un Chien Andalou. Luis Buñuel and Salvador Dalí (1929). London: I. B. Tauris, 2010.
Althusser, Louis: Écrits philosophiques et politiques, Bd. 1. Hg. von François Matheron. [Paris]: Stock/IMEC, 1994.
Barthes, Roland: The Death of the Author. In: Aspen 5–6 (1967), Seitenzahl unbekannt, www.ubu.com/aspen/aspen5and6/threeEssays.html#barthes (Abruf: 31. 7. 2021).
Baudrillard, Jean: Agonie des Realen. Berlin: Merve, 1978.
Baudrillard, Jean: Simulacra and Simulation. Ann Arbor: University of Michigan Press, 1994 (1981).
Baum, Seth: A Survey of Artificial General Intelligence Projects for Ethics, Risk, and Policy. Global Catastrophic Risk Institute Working Paper 17-1 (2017), http://dx.doi.org/10.2139/ssrn.3070741 (Abruf: 31. 7. 2021).
Becker, Daniel: Desiring Fakes. AI, Avatar and the Body of Fake Information in Digital Art. In: ders., Annalisa Fischer, Yola Schmitz (Hg.): Faking, Forging, Counterfeiting. Discredited Practices at the Margins of Mimesis. Bielefeld: transcript, 2018, 199–222.
Beinsteiner, Andreas: Immaterialität oder Hypermaterialität? Hermeneutisch-phänomenologische Überlegungen zur Entmaterialisierungshypothese. In: Medienräume: Materialität und Regionalität. Innsbruck: Innsbruck University Press, 2013, http://books.openedition.org/iup/727 (Abruf: 28. 4. 2020).
Bell, Alice, Astrid Ensslin: «I know what it was. You know what it was»: Second-Person Narration in Hypertext Fiction. In: Narrative 19/3 (2011), 311–329.
Bengio, Yoshua, Patrice Simard, Paolo Frasconi: Learning Long-Term Dependencies with Gradient Descent is Difficult. In: IEEE Transactions on Neural Networks 5/2 (1994), 157–166.

Benjamin, Walter: Das Kunstwerk im Zeitalter seiner technischen Reproduzierbarkeit. Berlin: Suhrkamp, 2010 (1936).
Berg-Fulton, Tracey, Alison Langmead, Thomas Lombardi et al.: A Role-Based Model for Successful Collaboration in Digital Art History. In: International Journal for Digital Art History 3 (2018), 153–180.
Boden, Margaret: Computer Models of Creativity. In: AI Magazine 30/3 (2009), 23–34.
Boden, Margaret: Creativity and Artificial Intelligence: A Contradiction in Terms? In: Elliot Samuel Paul, Scott Barry Kaufman: The Philosophy of Creativity. New Essays. New York: Oxford University Press 2014, 224–244.
Boden, Margaret: The Concept of Creativity. In: Günter Abel (Hg.): Kreativität. XX. Deutscher Kongress für Philosophie. Hamburg: Felix Meiner, 2006, 25.
Boden, Margaret: The Creative Mind. Myths and Mechanisms. London, New York: Routledge, 2004 (1990).
Braund, Edward, Eduardo Miranda: BioComputer Music: Generating Musical Responses with Physarum polycephalum-Based Memristors. In: Richard Kronland-Martinet, Mitsuko Aramaki, Sølvi Ystad (Hg.): Music, Mind and Embodiment. CMMR 2015. Lecture Notes in Computer Science, Vol. 9617. Cham: Springer, 2016, 405–419.
Braund, Edward, Raymond Sparrow, Eduardo Miranda: Physarum-Based Memristors for Computer Music. In: Andrew Adamatzky (Hg.): Advances in Physarum Machines. Sensing and Computing with Slime Mould. Bristol: Springer, 2016, 755–775.
Breton, André: Die Manifeste des Surrealismus. Reinbek bei Hamburg: Rowohlt, 1986 (1962).
Broeckmann, Andreas: The Machine as Artist as Myth. In: Arts 8/1 (2019), 25, https://doi.org/10.3390/arts8010025 (Abruf: 25. 6. 2020).
Broos, B. P. J.: Rembrandt (Harmensz.) van Rijn. In: The Grove Dictionary of Art. From Rembrandt to Vermeer: 17th-Century Dutch Artists. Hg. von Jane Turner. New York: Grove Art, 2000, 266–302.
Brown, Bill: Materiality. In: W. J. T. Mitchell, Mark Hansen (Hg.): Critical Terms for Media Studies. Chicago: University of Chicago Press, 2010, 49–63.
Brown, Tom: Breaking the Fourth Wall. Direct Address in the Cinema. Edinburgh: Edinburgh University Press, 2012.
Brown, Tom, Benjamin Mann, Nick Ryder et al.: Language models are few-shot learners, 28. 5. 2020, letzte Aktualisierung: 22. 7. 2020, arXiv:2005.14165 (Abruf: 30. 7. 2021).
Bruns, Gerald: Becoming-Animal (Some Simple Ways). In: New Literary History 38/4: On Change and Exchange in Literary Studies (2007), 703–720.
Bulatov, Dmitry: The Art as the Conjectured Possible. In: Russian Studies in Philosophy 57/2 (2019), 182–201.
Buñuel, Luis: My Last Breath. London: Flamingo 1985 (1982).
Chua, Leon: Memristor – The Missing Circuit Element. In: IEEE Transactions on Cricuit Theory 18/5 (1971), 507–519.
Conley, Katharine: Surrealism and Outsider Art: From the «Automatic Message» to André Breton's Collection. In: Yale French Studies 109: Surrealism and Its Others (2006), 129–143.

Criado, Lula, Meritxell Rosell: On Interspecies Creativity. In: Interalia Magazine 36: The Subjective Life of Others (September 2017), www.interaliamag.org/articles/lula-criado-meritxell-rosell-interspecies-creativity (Abruf: 31. 7. 2021).

Davis, Douglas: The Work of Art in the Age of Digital Reproduction (An Evolving Thesis: 1991–1995). In: Leonardo 28/5, Third Annual New York Digital Salon (1995), 381–386.

Deleuze, Gilles, Félix Guattari: Kapitalismus und Schizophrenie II. Tausend Plateaus. Berlin: Merve, 1992 (1980).

Dickey, Stephanie: Rembrandt and His Circle. In: Wayne Franits (Hg.): The Ashgate Research Companion to Dutch Art of the Seventeenth Century. London: Routledge, 2016, 169–201.

Doll, Martin: Entzweite Zweiheit? Zur Indexikalität des Digitalen. In: Harro Segeberg (Hg.): Mediengeschichte des Films, Bd. 8: Film im Zeitalter neuer Medien II. Digitalität und Kino. München: Wilhelm Fink, 2012, 57–86.

Foucault, Michel: Of Other Spaces. In: Diacritics 16/1 (1986), 22–27.

Freud, Siegmund: Das Ich und das Es. Erstveröffentlichung in: ders.: Gesammelte Werke, Bd. 13, 237–289. Leipzig, Wien, Zürich: Internationaler Psychoanalytischer Verlag, 1923, www.textlog.de/sigmund-freud-das-ich-und-das-es.html (Abruf: 31. 7. 2021).

Gadamer, Hans-Georg: Gesammelte Werke, Bd. 1: Hermeneutik I. Wahrheit und Methode. Grundzüge einer philosophischen Hermeneutik. Tübingen: J. C. B. Mohr (Paul Siebeck), 1986.

Gale, Ella, Andrew Adamatzky, Ben de Lacy Costello: On the Memristive Properties of Slime Mould. In: Andrew Adamatzky (Hg.): Advances in Physarum Machines. Sensing and Computing with Slime Mould. Bristol: Springer, 2016, 75–90.

Genette, Gérard: Die Erzählung. 3. Auflage. Paderborn: Wilhelm Fink, 2010.

Golahny, Amy: The Use and Misuse of Rembrandt: An Overview of Popular Reception. In: Dutch Crossing 25/2 (2001), 305–322.

Grosskopf, Anna: Die Arbeit des Künstlers in der Karikatur. Eine Diskursgeschichte künstlerischer Techniken in der Moderne. Bielefeld: transcript, 2016.

Hale, Thomas, Anna Lena Hartmann, Daniel Schlemermeyer: Formen von Let's Plays und vergleichbare Formate. In: Judith Ackermann (Hg.): Phänomen Let's Play-Video. Entstehung, Ästhetik, Aneignung und Faszination aufgezeichneten Computerspielhandelns. Wiesbaden: Springer, 2017, 257–263.

Hall, Stuart: Rassismus und kulturelle Identität (Ausgewählte Schriften 2). Hamburg: Argument, 2000 (1994).

Haraway, Donna: Manifestly Haraway. Minneapolis: University of Minnesota Press, 2016, http://ebookcentral.proquest.com/lib/warw/detail.action?docID=4392065 (Abruf: 30. 7. 2021).

Hartling, Florian: Der digitale Autor. Autorschaft im Zeitalter des Internets. Bielefeld: transcript, 2009.

Hartling, Florian: Literarische Autorschaft. In: Christine Grond-Rigler, Wolfgang Straub (Hg.): Literatur und Digitalisierung. Berlin, Boston: De Gruyter, 2012, 69–94.

Hochreiter, Josef: Untersuchungen zu dynamischen neuronalen Netzen. Diplomarbeit. München: Technische Universität München, 1991, http://people.idsia.ch/~juergen/SeppHochreiter1991ThesisAdvisorSchmidhuber.pdf (Abruf: 31. 7. 2021).

Hochreiter, Sepp (Josef), Jürgen Schmidhuber: Long Short-Term Memory. In: Neural Computation 9/8 (1997), 1735–1780.
Huizinga, Johan: Homo Ludens. A Study of the Play-Element in Culture. London, Boston, Henley: Routledge & Kegan Paul, 1980 (1938).
Jabr, Ferris: How brainless slime molds redefine intelligence. In: Nature, 13. 11. 2012, https://doi.org/10.1038/nature.2012.11811 (Abruf: 31. 7. 2021).
Jerz, Dennis: Somewhere Nearby is Colossal Cave: Examining Will Crowther's Original «Adventure» in Code and in Kentucky. In: Digital Humanities Quarterly 1/2 (2007), www.digitalhumanities.org/dhq/vol/1/2/000009/000009.html (Abruf: 30. 7. 2021).
Juul, Jesper (2000): What computer games can and can't do. Präsentiert an der *Digital Arts and Culture conference*, Bergen, Norwegen, August 2000, www.jesperjuul.net/text/wcgcacd.html (Abruf: 31. 7. 2021).
Karhulahti, Veli-Matti: The Aesthetics of Early Adventure Games: A Reflection of Film History. In: The International Journal of the Arts in Society 6/2 (2011), 31–38.
Keazor, Henry: Six Degrees of Separation. The Foax as More. In: Daniel Becker, Annalisa Fischer, Yola Schmitz (Hg.): Faking, Forging, Counterfeiting. Discredited Practices at the Margins of Mimesis. Bielefeld: transcript, 2018, 11–40.
Kittler, Friedrich: Aufschreibesysteme 1800–1900. München: Fink 1995 (1985).
Kleist, Heinrich von (1805): Über die allmähliche Verfertigung der Gedanken beim Reden, http://hdl.handle.net/11858/00-001M-0000-002B-B33A-4 (Abruf: 31. 7. 2021).
Koestler, Arthur: Der göttliche Funke. Der schöpferische Akt in Kunst und Wissenschaft. Bern, München: Scherz, 1966.
Krestinskaya, Olga, Alex Pappachen James, Leon Ong Chua: Neuromemristive Circuits for Edge Computing: A Review. In: IEEE Transactions on Neural Networks and Learning Systems 31/1 (2020), 4–23.
Krieger, Verena: Was ist ein Künstler? Genie – Heilsbringer – Antikünstler. Eine Ideen- und Kunstgeschichte des Schöpferischen. Köln: Deubner, 2007.
Krüger, Oliver: Virtualität und Unsterblichkeit. Gott, Evolution und die Singularität im Post- und Transhumanismus. Freiburg im Breisgau, Berlin, Wien: Rombach, 2019.
Kucklick, Christoph: Die granulare Gesellschaft. Wie das Digitale unsere Wirklichkeit auflöst. Berlin: Ullstein, 2017 (2014).
Küpper, Joachim: Dichtung als Mimesis (Kap. 1–3). In: Aristoteles: Poetik. Hg. von Otfried Höffe. Berlin: Akademie, 2009, 29–46.
Latour, Bruno: Eine neue Soziologie für eine neue Gesellschaft. Einführung in die Akteur-Netzwerk-Theorie. Frankfurt am Main: Suhrkamp, 2017 (2010).
Latour, Bruno, Adam Lowe (2010): The migration of the aura or how to explore the original through its fac similes, www.bruno-latour.fr/sites/default/files/108-ADAM-FACSIMILES-GB.pdf (Abruf: 31. 7. 2021). Später veröffentlicht in: Thomas Bartscherer, Roderick Coover (Hg.): Switching Codes. Thinking Through Digital Technology in the Humanities and the Arts. Chicago: The University of Chicago Press, 2011, 275–298.
Loh, Janina: Trans- und Posthumanismus zur Einführung. Hamburg: Junius, 2018.
Maase, Kaspar: Populärkulturforschung. Eine Einführung. Bielefeld: transcript, 2019.
Marks, Laura: Touch: Sensuous Theory and Multisensory Media. Minneapolis, London: University of Minnesota Press, 2002.

Mayne, Richard: Biology of the *Physarum polycephalum* Plasmodium: Preliminaries for Unconventional Computing. In: Andrew Adamatzky (Hg.): Advances in Physarum Machines. Sensing and Computing with Slime Mould. Bristol: Springer, 2016, 3–22.

McDonough, Richard: Emergence and Creativity: Five Degrees of Freedom. In: Terry Dartnall (Hg.): Creativity, Cognition and Knowledge. An Interaction. Westport, CT: Praeger, 2002, 283–320.

McPherson, Andrew: The Magnetic Resonator Piano: Electronic Augmentation of an Acoustic Grand Piano. In: Journal of New Music Research 39/3 (2010), 189–202.

Messenger Davies, Máire: Quality and Creativity in TV: The Work of Television Storytellers. In: Janet McGabe, Kim Akass (Hg.): Quality TV. Contemporary American Television and Beyond. London, New York: I. B. Tauris, 2007, 171–184.

Mielke, Christine: Zyklisch-serielle Narration. Erzähltes Erzählen von 1001 Nacht bis zur TV-Serie. Berlin: De Gruyter, 2006.

Miller, Arthur I.: The Artist in the Machine. The World of AI-Powered Creativity. Cambridge, MA: The MIT Press, 2019.

Miranda, Eduardo, Edward Braund, Satvik Venkatesh: Composing with Biomemristors: Is Biocomputing the New Technology of Computer Music?. In: Computer Music Journal 42/3 (2018), 28–46.

Montfort, Nick: Twisty Little Passages. An Approach to Interactive Fiction. Cambridge: MIT Press, 2005.

Nagel, Alexander: Leonardo and sfumato. In: RES: Anthropology and Aesthetics 24 (1993), 7–20.

Nakagaki, Toshiyuki, Hiroyasu Yamada, Ágotha Tóth: Maze-solving by anamoeboid organism. In: Nature 407 (2000), 470.

Newman, Michael: From Beats to Arcs: Toward a Poetics of Television Narrative. In: The Velvet Light Trap 58 (2006), 16–28.

Nietzsche, Friedrich: Die Geburt der Tragödie. Oder: Griechenthum und Pessimismus. Leipzig: Fritzsch, 1878. In: ders.: Digitale kritische Gesamtausgabe. Werke und Briefe. Paris: Nietzsche Source, 2009 ff., www.nietzschesource.org/#eKGWB/GT (Abruf: 31. 7. 2021).

Nietzsche, Friedrich: An Heinrich Köselitz in Venedig. Brief/Typoskript, Februar 1882. BVN-1882, 202. In: ders.: Digitale kritische Gesamtausgabe. Werke und Briefe. Paris: Nietzsche Source, 2009 ff., www.nietzschesource.org/#eKGWB/BVN-1882,202 (Abruf: 31. 7. 2021).

Ong, Walter: Orality and Literacy. The Technologizing of the World. London, New York: Routledge, 2002 (1982).

Peirce, Charles Sanders: Peirce on Signs. Writings on Semiotic by Charles Sanders Peirce. Hg. von James Hoopes. Chapel Hill, London: University of North Carolina Press, 1991.

Peterson, Dale: Genesis II, Creation and Recreation with Computers. Reston, VA: Reston, 1983.

Pfaller, Robert: Ästhetik der Interpassivität. Hamburg: Philo Fine Arts, 2008.

Pfaller, Robert: Interpassivity. The Aesthetics of Delegated Enjoyment. Edinburgh: Edinburgh University Press, 2017.

Plotkin, Andrew: Characterizing, If Not Defining, Interactive Fiction. In: Kevin Jackson-Mead, J. Robinson Wheeler (Hg.): IF Theory Reader. Boston: Transcript on Press, 2011, 59–66.
Rafael, Sónia: Interactive Fiction. Narrative and immersive experience in text-based games. In: CONFIA. International Conference on Illustration & Animation (2018), 568–576.
Richter, Miriam: From Radios to Biocomputers: An Interview with Eduardo Reck Miranda. In: Computer Music Journal 42/1 (2018), 10–22.
Salter, Anastasia: What is Your Quest? From Adventure Games to Interactive Books. Iowa City: University of Iowa Press, 2014.
Sandl, Marcus: Homo ludens: Überlegungen zur historischen Anthropologie des Spiels. In: IASL online 39/2 (2014), 404–421.
Schrey, Dominik: Analoge Nostalgie in der digitalen Medienkultur. Berlin: Kadmos, 2017.
Schwab, Klaus: The Fourth Industrial Revolution. Cologny, Genf: World Economic Forum, 2016.
Schweibenz, Werner: The Work of Art in the Age of Digital Reproduction. In: Museum International 70/1–2 (2018), 8–21.
Silcox, Mark: not that you may remember time. Interactive Fiction, Stream-of-Consciousness Writing, and Free Will. In: Kevin Jackson-Mead, J. Robinson Wheeler (Hg.): IF Theory Reader. Boston: Transcript on Press, 2011, 67–88.
Sinha, Shivanshi, Yojna Arora: Ethical Hacking: The Story of a White Hat Hacker. In: International Journal of Innovative Research in Computer Science & Technology 8/3 (2020), 131–136.
Smith, Alexander: They Create Worlds. The Story of the People and Companies That Shaped the Video Game Industry, Bd. I: 1971–1982. Boca Raton: CRC Press, 2020.
Smudits, Albert, Michael Parzer, Rainer Prokop, Rosa Reitsamer: Kunstsoziologie. München: Oldenbourg, 2014.
Sorolla, Roger: Crimes Against Mimesis. In: Kevin Jackson-Mead, J. Robinson Wheeler (Hg.): IF Theory Reader. Boston: Transcript on Press, 2011, 1–24.
Stengel, Oliver, Alexander van Looy, Stephan Wallaschkowski: Einleitung. In: Oliver Stengel, Alexander van Looy, Stephan Wallaschkowski (Hg.): Digitalzeitalter – Digitalgesellschaft. Das Ende des Industriezeitalters und der Beginn einer neuen Epoche. Wiesbaden: Springer, 2017, 1–16.
Stiegler, Bernard: Hypermaterialität und Psychomacht. Hg. von Erich Hörl. Zürich: Diaphanes, 2010 (2008).
Strukov, Dmitri, Gregory Snider, Duncan Stewart et al.: The missing memristor found. In: Nature 453 (2008), 80–83.
Turkle, Sherry: Leben im Netz. Identitaet in Zeiten des Internet. Reinbek bei Hamburg: Rowohlt, 1998 (1995).
Van de Wetering, Ernst: Rembrandt: The Painter at Work. Amsterdam: Amsterdam University Press, 1997.
Veugen, Connie (2006): Here Be Dragons: advent and prehistory of the Adventure game. Überarbeitete englische Version von Veugen, Connie: Here be Dragons:

Voorgeschiedenis en ontstaan van adventure games. In: Tijdschrift voor Mediageschiedenis: Games 7/2 (2004), 77–99.

Volland, Holger: Die kreative Macht der Maschinen. Warum künstliche Intelligenzen bestimmen, was wir morgen fühlen und denken. Weinheim: Beltz, 2018.

Zehnder, Matthias: Die digitale Kränkung. Über die Ersetzbarkeit des Menschen. [Basel]: NZZ Libro, 2019.

Zhu, Jichen, Jennifer Villareale, Nithesh Javvaji et al.: Player-AI Interaction: What Neural Network Games Reveal About AI as Play. 15. 1. 2021 (letzte Aktualisierung: 18. 1. 2021). arXiv:2101.06220 (Abruf: 31. 7. 2021).

Žižek, Slavoj: Cyberspace, or, How to Traverse the Fantasy in the Age of the Retreat of the Big Other. In: Public Culture 10/3 (1998), 483–513.

Journalistische Quellen, Enzyklopädieeinträge und Blogposts

AetherDevSecOps: AI Dungeon Public Disclosure Vulnerability Report – GraphQL Unpublished Adventure Data Leak. 25. 4. 2021 (letzte Aktualisierung: 1. 5. 2021), https://github.com/AetherDevSecOps/aid_adventure_vulnerability_report (Abruf: 31. 7. 2021).

Aini: Uh oh, AI Dungeon took a weird turn …, 5. 5. 2021, www.ainiwaffles.com/post/uh-oh-ai-dungeon (Abruf: 31. 7. 2021).

Bicknell, Lindsay: Latitude Games' AI Dungeon was changing the face of AI-generated content. In: Utah Business Magazine, 22. 6. 2021, www.utahbusiness.com/latitude-games-ai-dungeon-was-changing-the-face-of-ai-generated-content-until-its-users-turned-against-it (Abruf: 31. 7. 2021).

Crawford, Amy: An Interview with Stephanie Dickey, author of «Rembrandt at 400». In: Smithsonian Magazine, 1. 12. 2006, www.smithsonianmag.com/arts-culture/an-interview-with-stephanie-dickey-author-of-rembrandt-at-400-140522969 (Abruf: 31. 7. 2021).

Dutch Digital Design: The Next Rembrandt: bringing the Old Master back to life, 24. 1. 2018, https://medium.com/@DutchDigital/the-next-rembrandt-bringing-the-old-master-back-to-life-35dfb1653597 (Abruf: 31. 7. 2021).

Elektronik-Kompendium: Memristor. Letzte Aktualisierung: 31. 7. 2021, www.elektronik-kompendium.de/sites/bau/1305191.htm (Abruf: 31. 7. 2021).

Encyclopædia Britannica: Chiaroscuro. 7. 10. 2019, www.britannica.com/art/chiaroscuro (Abruf: 31. 7. 2021).

Enge, Stefanie: Künstliche Intelligenz: Uni Delft lässt Rembrandt auferstehen. In: TechTag, 3. 6. 2016, www.techtag.de/netzkultur/kuenstliche-intelligenz-uni-delft-laesst-rembrandt-auferstehen (Abruf: 31. 7. 2021).

FailedSave 2020: Guide to Erotic Storytelling with AI Dungeon. 16. 8. 2020 (letzte Aktualisierung: 17. 8. 2020), https://github.com/FailedSave/storytelling-guide/blob/master/Guide.md (Abruf: 31. 7. 2021).

Franck, Annika: Drei Dinge, die Menschen besser können als Roboter. In: WDR Wissen, 20. 2. 2018, www1.wdr.de/wissen/mensch/menschen-besser-als-roboter-100.html (Abruf: 31. 7. 2021).

Goertzel, Ben: Artificial General Intelligence. In: Scholarpedia, the peer-reviewed open-access encyclopedia, 11. 11. 2015 (letzte Aktualisierung: 4. 6. 2016), www.scholarpedia.org/w/index.php?title=Artificial_General_Intelligence&oldid=154015 (Abruf: 31. 7. 2021).

Goodwin, Ross: Adventures in Narrated Reality. New forms & interfaces for written language, enabled by machine intelligence. In: Medium, Artists + Machine Intelligence, 19. 3. 2016a, https://medium.com/artists-and-machine-intelligence/adventures-in-narrated-reality-6516ff395ba3 (Abruf: 31. 7. 2021).

Goodwin, Ross: Adventures in Narrated Reality, Part II. Ongoing experiments in writing & machine intelligence. In: Medium, Artists + Machine Intelligence, 9. 6. 2016b, https://medium.com/artists-and-machine-intelligence/adventures-in-narrated-reality-part-ii-dc585af054cb (Abruf: 31. 7. 2021).

Ghosh, Shona: ING's Next Rembrandt project proves god is in the machine. In: Campaign, 8. 7. 2016, www.campaignlive.co.uk/article/ings-next-rembrandt-project-proves-god-machine/1401422 (Abruf: 31. 7. 2021).

Battle, Kirk (L. B. Jeffries): Johan Huizinga's ‹Homo Ludens›. In: PopMatters, 5. 7. 2010, www.popmatters.com/127853-johan-huizingas-homo-ludens-2496171201.html (Abruf: 31. 7. 2021).

Jones, Jonathan: The digital Rembrandt: a new way to mock art, made by fools. In: The Guardian, 6. 4. 2016, www.theguardian.com/artanddesign/jonathanjonesblog/2016/apr/06/ digital-rembrandt-mock-art-fools (Abruf: 31. 7. 2021).

Jungkunz, Alexander: Richard David Precht über die Folgen der Digitalisierung. In: Nürnberger Nachrichten, 4. 6. 2018, www.nordbayern.de/politik/richard-david-precht-uber-die-folgen-der-digitalisierung-1.7658404?rssPage=SW5oZXJuZXQsIE1lZGllbiBibmQgVGVjaG5paw== (Abruf: 31. 7. 2021).

Kassel, Dieter: Mensch ist durch Kreativität überlegen. Der Medieninformatiker Andreas Butz im Gespräch mit Dieter Kassel. In: Deutschlandfunk Kultur, 16. 1. 2015, www.deutschlandfunkkultur.de/kuenstliche-intelligenz-mensch-ist-durch-kreativitaet.1008.de.html?dram:article_id=308840 (Abruf: 31. 7. 2021).

Lobe, Adrian: Man weiss nie, wie die Schleimzellen reagieren. In: Neue Zürcher Zeitung, 26. 10. 2018, www.nzz.ch/feuilleton/man-weiss-nie-wie-die-schleimzellen-reagieren-ld.1430235 (Abruf: 31. 7. 2021).

Matheson, Rob: Helping computers perceive human emotions. In: MIT News, 24. 7. 2018, http://news.mit.edu/2018/helping-computers-perceive-human-emotions-0724 (Abruf: 31. 7. 2021).

Meszaros, E. L.: Four Text-Based Adventure Games That Modernize the Genre. In: CBR, 10. 8. 2020, www.cbr.com/text-based-adventure-games-modern-world (Abruf: 31. 7. 2021).

Moser, János: All your base are belong to us – Text und Spiel. In: Freies Feld, 4. 9. 2012, https://freiesfeld.ch/2012/09/04/all-your-base-are-belong-to-us-text-und-spiel (Abruf: 31. 7. 2021).

Moules, Jonathan: Jetson the robot seizes control of Sci-Fi film festival. In: Financial Times, 6. 5. 2016, www.ft.com/content/8616e848-12e2-11e6-91da-096d89bd2173 (Abruf: 31. 7. 2021).

Newitz, Annalee: Movie written by algorithm turns out to be hilarious and intense. In: Ars Technica, 9.6.2016 (letzte Aktualisierung: 30. 5. 2021), https://arstechnica.com/gaming/2016/06/an-ai-wrote-this-movie-and-its-strangely-moving (Abruf: 31. 7. 2021).

Nudd, Tim: Inside ‹The Next Rembrandt›: How JWT Got a Computer to Paint Like the Old Master. In: Adweek, 27. 6. 2016, www.adweek.com/brand-marketing/inside-next-rembrandt-how-jwt-got-computer-paint-old-master-172257/amp (Abruf: 31. 7. 2021).

Olah, Christopher: Understanding LSTM Networks. In: Colah's Blog, 27.8.2015, http://colah.github.io/posts/2015-08-Understanding-LSTMs (Abruf: 31. 7. 2021).

Schjeldahl, Peter: A Few Words About the Faux Rembrandt. In: The New Yorker, 8. 4. 2016, www.newyorker.com/culture/culture-desk/a-few-words-about-the-faux-rembrandt (Abruf: 31. 7. 2021).

Simonite, Tom: It Began as an AI-Fueled Dungeon Game. It Got Much Darker. In: WIRED, 5. 5. 2021, www.wired.com/story/ai-fueled-dungeon-game-got-much-darker (Abruf: 31. 7. 2021).

Spektrum Lexikon der Biologie: Plasmodium. Ohne Jahresangabe, www.spektrum.de/lexikon/biologie/plasmodium/52201 (Abruf: 31. 7. 2021).

Taylor, David: Very clever software, but not great art. In: Apollo. The International Art Magazine, 11. 4. 2016, www.apollo-magazine.com/very-clever-software-but-not-great-art (Abruf: 31. 7. 2021).

Vincent, James: What a machine learning tool that turns Obama white can (and can't) tell us about AI bias. In: The Verge, 23. 6. 2020 (letzte Aktualisierung: 24. 6. 2020), www.theverge.com/21298762/face-depixelizer-ai-machine-learning-tool-pulse-stylegan-obama-bias (Abruf: 31. 7. 2021).

Wijman, Tom: Global Games Market to Generate $175.8 Billion in 2021; Despite a Slight Decline, the Market Is on Track to Surpass $200 Billion in 2023. In: Newzoo, 6. 5. 2021, https://newzoo.com/insights/articles/global-games-market-to-generate-175-8-billion-in-2021-despite-a-slight-decline-the-market-is-on-track-to-surpass-200-billion-in-2023 (Abruf: 31. 7. 2021)

Witkowski, Wallace: Videogames are a bigger industry than movies and North American sports combined, thanks to the pandemic. In: MarketWatch, 22. 12. 2020 (letzte Aktualisierung: 2. 1. 2021), www.marketwatch.com/story/videogames-are-a-bigger-industry-than-sports-and-movies-combined-thanks-to-the-pandemic-11608654990 (Abruf: 31. 7. 2021).

Yang 2020: The Freedom Dividend. Ohne Jahresangabe, www.yang2020.com/policies/the-freedom-dividend (Abruf: 31. 7. 2021).

Podcasts und Youtube-Clips

AT&T Developer Program: ARTISTIC COLLABORATION WITH AN A. I. (SPONSORED BY LG). 5. 6. 2018, www.youtube.com/watch?v=ZFJPB8xKvc4 (Abruf: 31. 7. 2021).

ChoccyMilkMen: AI Dungeon Re-Writes The Bee Movie. 16. 2. 2021, www.youtube.com/watch?v=vNiGF8uIhn4 (Abruf: 31. 7. 2021).

Deadwater 2nd Channel: Forcing an AI To Make Half-Life 3 (AI Dungeon). 13. 7. 2021, www.youtube.com/watch?v=SZqMftt3tuY (Abruf: 31. 7. 2021).

Drew Durnil: I let an A. I. rewrite world history and it was PHENOMENAL! (AI Dungeon 2). 9. 6. 2020, www.youtube.com/watch?v=DxaEsoux9ik (Abruf: 31. 7. 2021).

GitHub: Machines Making Movies – GitHub Universe 2016. 22. 9. 2016, www.youtube.com/watch?v=WobVyxi38Bc (Abruf: 31. 7. 2021).

Jawsh: So I had an AI write a story ... 25. 4. 2021, www.youtube.com/watch?v=ssnoWxqgi3E (Abruf: 31. 7. 2021).

Talking Machines: The Great AI Fallacy. 5. 3. 2020, www.thetalkingmachines.com/episodes/great-ai-fallacy (Abruf: 31. 7. 2021).

TedX Talks: Machines Making Movies | Ross Goodwin & Oscar Sharp | TEDxBoston. 27. 10. 2017, www.youtube.com/watch?v=uPXPQK83Z_Y (Abruf: 31. 7. 2021).

The Drum: Artificial Intelligence & Creativity: The Drum Documentary. 18. 10. 2016, www.youtube.com/watch?v=YHsPFic_VQo (Abruf: 31. 7. 2021).

Abbildungsnachweis

Abb. 1: Das Drehbuch zu Sunspring, wie es im Vorspann des Films erscheint. Screenshot, *Sunspring* 2016, 0:52.

Abb. 2: «Middleditch's character breaks the fourth wall and pulls on the camera itself …». Screenshot, *Sunspring* 2016, 5:01. Bildbeschrieb aus Goodwin 2016b (Abruf: 31. 7. 2021).

Abb. 3: «… followed by a change in camera angle that reveals that he is, in fact, holding nothing at all». Screenshot, *Sunspring* 2016, 5:05. Bildbeschrieb aus Goodwin 2016b (Abruf: 31. 7. 2021).

Abb. 4: Screenshot, *AI Dungeon* 2019.

Abb. 5: Screenshot, *AI Dungeon* 2019.

Abb. 6: Screenshot, *AI Dungeon* 2019.

Abb. 7: Screenshot, *AI Dungeon* 2019.

Abb. 8: Don Woods' Version von Adventure, dargestellt auf einem VT100-Terminal. Autopilot, https://commons.wikimedia.org/w/index.php?title=File:Colossal_Cave_Adventure_on_VT100_terminal.jpg&oldid=502994613 (Abruf: 31. 7. 2021), CC BY-SA 3.0.

Abb. 9: Infocom-Werbung, 1984, www.atarimania.com/list_ads_atari_publisher-_1258-_8.html (Abruf: 31. 7. 2021).

Abb. 10: Porträt von Herman Doomer (1640), Rembrandt van Rijn. Fotografie des Gemäldes im Rahmen (abgeschnitten). Metropolitan Museum of Art, New York, www.metmuseum.org/art/collection/search/437392 (Abruf: 31. 7. 2021). Gemeinfrei.

Abb. 11: The Next Rembrandt (2016). Fotografie des Gemäldes im Rahmen (abgeschnitten). The Next Rembrandt Newsroom 2016, https://thenextrembrandt.pr.co/130454-the-next-rembrandt (Abruf: 31. 7. 2021). Offizielles Pressematerial.

Abb. 12: Selbstporträt (1632), Rembrandt van Rijn. Scan, ohne Rahmen. Wikimedia Commons, https://commons.wikimedia.org/wiki/File:Rembrandt_Harmensz._van_Rijn_144.jpg (Abruf: 31. 7. 2021). Gemeinfrei.

Abb. 13: Szene aus der Erstaufführung von *Biocomputer Rhythms*. Screenshot, Biocomputer Rhythms – CONCERT 2016 (Abruf: 31. 7. 2021).